D1672821

Martina Merckel-Braun

Glück auf kleinen Pfoten

Erlebnisse einer Hundefreundin

Hänssler

SCM

Stiftung Christliche Medien

Dieses Werk einschließlich aller seiner Teile ist urheberrechtlich geschützt. Jede Verwendung außerhalb der engen Grenzen des Urheberrechtsgesetzes ist ohne vorherige schriftliche Einwilligung des Verlages unzulässig und strafbar. Das gilt insbesondere für Vervielfältigungen, Übersetzungen und die Einspeicherung und Verarbeitung in elektronischen Systemen.

© der deutschen Ausgabe 2014
SCM Hänssler im SCM-Verlag GmbH & Co. KG
71088 Holzgerlingen
Internet: www.scm-haenssler.de · E-Mail: info@scm-haenssler.de

Soweit nicht anders angegeben, sind die Bibelverse folgender Ausgabe entnommen:
Neues Leben. Die Bibel, © der deutschen Ausgabe 2002 und 2006 SCM R.Brockhaus im SCM-Verlag GmbH & Co. KG, Witten.
Weiter wurden verwendet:
L: Lutherbibel, revidierter Text 1984, durchgesehene Ausgabe in neuer Rechtschreibung,
© 1999 Deutsche Bibelgesellschaft, Stuttgart.
GN: Gute Nachricht Bibel, revidierte Fassung,
durchgesehene Ausgabe in neuer Rechtschreibung,
© 2000 Deutsche Bibelgesellschaft, Stuttgart.
Hfa: Hoffnung für alle®, Copyright © 1983, 1996,
2002 by Biblica Inc.™. Verwendet mit freundlicher Genehmigung des Brunnen Verlags. Alle weiteren Rechte weltweit vorbehalten.

Umschlaggestaltung: Jens Vogelsang, Aachen
Titelbild: fotolia.com
Satz: typoscript GmbH, Walddorfhäslach
Druck und Bindung: CPI – Ebner & Spiegel, Ulm
Gedruckt in Deutschland
ISBN 978-3-7751-5535-9
Bestell-Nr. 395.535

Inhalt

Für meine Eltern,
die mich von Kind an gelehrt haben,
Tiere als meine Mitgeschöpfe zu achten
und zu lieben.

In jedem Geschöpf der Natur
lebt das Wunderbare.

Aristoteles

Ein paar Worte zuvor …

Schon seit meiner frühen Kindheit haben Tiere – insbesondere Hunde – eine wichtige Rolle in meinem Leben gespielt. Viele Erfahrungen, die ich in meinem Leben gemacht habe, haben mit Hunden zu tun, und ich habe im Laufe der Jahre viel durch sie gelernt. Ich glaube, dass auch die Tiere ein Ausdruck und Spiegel von Gottes Liebe und Schöpfermacht sind. Er hat sie uns geschenkt, weil er uns durch sie segnen möchte. Sie sind unserer Fürsorge anvertraut, und ihre Würde zu achten, ist ein Zeichen des Respektes, den wir unserem Schöpfer entgegenbringen.

Viele der Gleichnisse, die Jesus im Neuen Testament erzählt, um uns wichtige biblische Wahrheiten zu erklären, handeln von Tieren. Auch im Alten Testament gebraucht Gott immer wieder Beispiele aus der Tierwelt, um uns bestimmte Aspekte seines Wesens oder geistliche Wahrheiten zu offenbaren.

In ähnlicher Weise hat Gott mir durch die Hunde, mit denen ich im Laufe meines Lebens zu tun hatte, viel über sich selbst, sein Wesen und sein Empfinden gezeigt. Denn mir wurde unter anderem klar: Da Gott uns nach seinem Bild geschaffen hat, sind die Liebe, Fürsorge, Geduld und so weiter, die wir für unsere Tiere empfinden, immer nur ein Abbild dessen, was Gott *uns gegenüber* empfindet.

So möchte ich in diesem Buch nicht nur von meinen Hunden erzählen, sondern auch davon, was ich durch das Leben mit ihnen mit Gott erlebt und über ihn gelernt habe.

Egal, wie wenig Geld und Besitz du hast,
einen Hund zu haben, macht dich reich!
Louis Sabin

Der Anfang
einer großen Liebe

Als ich Ende der 1950er-Jahre im schönen Lipperland geboren wurde, besaßen meine Eltern ein Ausflugslokal an einem kleinen See, einen alten DKW – und eine Schäferhündin namens *Ada*. Als mein stolzer Vater meine Mutter und mich etwa zehn Tage nach meiner Geburt nach Hause holte, war Ada natürlich äußerst aufgeregt und neugierig. Sie drängte sich an meine Mutter heran und versuchte, das kleine Bündel, das ihr Frauchen da in den Armen trug, zu beschnuppern. Erschrocken wollte mein Vater sie abwehren und aus dem Schlafzimmer aussperren, in das meine Eltern mich brachten – aber meine Mutter befolgte intuitiv eine ganz andere Strategie: Sie setzte sich mit ihrem Baby aufs Bett und ließ Ada Bekanntschaft mit mir schließen. Während die Hündin die Pfoten auf ihren Schoß stellte, mich mit gespannter Aufmerksamkeit betrachtete und vorsichtig mein Gesicht beschnupperte, sprach meine Mutter mit sanfter Stimme auf Ada ein: »Sieh mal, Ada, das ist unser kleines Mädchen. Sie gehört jetzt zu uns. Du brauchst keine Angst zu haben, dass sie dir etwas wegnimmt. Wir haben dich immer noch genauso lieb wie vorher. Und du darfst uns jetzt helfen, sie zu beschützen. Du musst lieb zu ihr sein und gut auf sie aufpassen. Willst du uns das versprechen?«

Treuherzig sah Ada sie an. Sie schien jedes Wort zu verstehen. Während der darauffolgenden Wochen und Monate, ließ sie niemals eine Spur von Eifersucht erkennen. Wenn meine Eltern im Restaurant arbeiteten, und das Wetter schön genug war, sodass ich in meinem Kinderwagen im Freien stehen konnte, vertrauten sie mich unbesorgt Adas liebevoller Fürsorge an: Die treue Hündin blieb neben dem Kinderwagen liegen und wachte aufmerksam darüber, dass niemand ihrem Schützling Schaden zufügte oder ihn entführte. So manchen Gast hat das Bild des kleinen Kindes, das so fürsorglich von einem großen Schäferhund bewacht wurde, zum Schmunzeln gebracht und gerührt.

Leider habe ich selbst keine eigenen bewussten Erinnerungen an diese Episode meines Lebens, denn Ada starb viel zu früh – sie wurde, als sie gerade zwei Jahre alt war, von einem Auto überfahren. Durch eine Anzahl alter Schwarz-Weiß-Fotos und die Erzählungen meiner Eltern, hat diese treue Hündin jedoch einen festen Platz in meinem Herzen. Und ich muss heute noch ein bisschen darüber schmunzeln, dass mein erstes Wort, wie meine Eltern mir immer wieder glaubhaft versicherten, nicht Mama oder Papa war – sondern Ada.

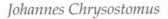

Der treue Freund ist wie Medizin im Leben,
er ist ein wertvoller Schutz.

Johannes Chrysostomus

Ein Traum
und seine Wurzeln

Ich war von Kind an von beinah jedem Tier begeistert, aber mehr als alle anderen liebte ich Hunde. Und unter diesen hatte es mir eine Rasse ganz besonders angetan – der Spitz. Während Spitze heute eher selten zu sehen sind, hatte ich in meiner Kindheit reichlich Gelegenheit, Vertreter dieser Rasse zu beobachten. Seltsamerweise weckten diese Hunde in mir eine unbestimmte Sehnsucht, ich betrachtete sie mit einer Art scheuem Respekt.

Schon zu dem ersten Spitz, den ich – wenn auch nur aus der Distanz – kennenlernte, gab es eine bewegende Geschichte: Der kleine, weiße *Bürschi*, wie er gerufen wurde, lebte auf dem Nachbargehöft. Meine Eltern erzählten mir, dass er dabei gewesen war, als unsere Ada überfahren wurde. Die beiden Hunde waren zusammen ausgerissen, hatten sich ein paar schöne Stunden gemacht, und beim sorglosen Überqueren der Straße hatte es Ada erwischt. Doch dann geschah etwas Seltsames: Der kleine Spitz setzte sich neben seine überfahrene Gefährtin, und ließ über Stunden hinweg nicht zu, dass sich ihr jemand näherte und den reglosen Körper von der Straße räumte. Bürschi wachte neben seiner toten Kameradin und ließ niemanden an sie heran. Wie diese Geschichte schließlich endete, weiß ich nicht mehr – aber seit ich sie gehört hatte, empfand ich diesem kleinen Kerl gegenüber eine eigenartige, beinah ehrfürchtige Scheu. In meinen Augen war er immer der treue, kleine Hund, der seine tote Freundin beschützt hatte. Auf den Gedanken, dass unsere Ada ohne ihn vielleicht gar nicht weggelaufen wäre, bin ich damals überhaupt nicht gekommen ...

Bald lernte ich noch weitere Spitze kennen: Zuerst den schwarzen *Sherry*, der mit wildem Gekläff das Haus einer Freundin verteidigte, bei der ich die Flipper- und Fury-Filme anschauen durfte, weil meine Eltern noch keinen Fernseher besaßen. Später dann die schneeweiße *Tosca*, die die Aufgabe hatte, die Vorräte des benachbarten Kohlenhändlers zu bewachen, und ihn auf den Fahrten zu seinen

Kunden zu begleiten. Das Bild, wie die charmante Königin der Kohlenberge auf dem Beifahrersitz des Lieferwagens hockte und stolz aus dem heruntergekurbelten Fenster schaute, steht mir noch heute lebhaft vor Augen.

Der Spitz von Witwe Bolte aus dem Büchlein »Max und Moritz« hatte meine tiefste Sympathie: Wie ungerecht war es doch, dass der arme Kerl unschuldig verprügelt wurde, weil er seiner Herrin pflichtschuldig den Hühnerdiebstahl gemeldet hatte und daraufhin selbst verdächtigt wurde, den knusprigen Braten verspeist zu haben …

Samstags nahmen meine Eltern mich oft mit nach Detmold zum Markt, und manchmal gingen wir anschließend in ein Caféhaus. Dort bekam ich eine weitere Gelegenheit, Spitze zu beobachten – diesmal in einer ganz anderen Umgebung. Denn in dem Café sah ich immer wieder elegant gekleidete Damen mit perlenbestickten Haarnetzen, die sich mit ihren Freundinnen zum Kaffeekränzchen trafen, Buttercremetorte verzehrten und dabei von ihren gepflegten Spitzen begleitet wurden. Diese wussten sich in dem feinen Ambiente tadellos zu benehmen.

Ich glaube, in dieser Zeit wurde in mir der Gedanke geboren: *Irgendwann in meinem Leben, möchte ich mal einen Spitz haben.*

Dieser Gedanke begleitete mich von da an wie eine unaufdringliche Hintergrundmusik, die leise in meinem Kopf spielte und immer wieder einmal an mein Bewusstsein drang. Ich stellte mir vor, wie ich eines Tages mit solch einem kleinen Gefährten auf dem Sofa sitzen, im Auto fahren und im Park spazieren gehen werde … Und in mir war die tiefe Gewissheit, dass dieser Traum eines Tages, irgendwann einmal Wirklichkeit werden würde.

Ein Hund wird sich an drei Tage Freundlichkeit
drei Jahre lang erinnern.
Sprichwort

Drei Namen auf drei Beinen

Einige Jahre darauf lerne ich einen weiteren Vertreter dieser liebenswerten Rasse kennen. Ich mache mit meinen Eltern, im Bayerischen Wald, Urlaub auf dem Bauernhof. Es ist gar nicht so leicht, unseren freundlichen Wirt zu verstehen – es dauert einige Zeit, bis wir uns ein wenig in die urbayerischen Klänge eingehört haben. Wir genießen die reine Luft, die herrlich grüne Landschaft und die deftige Hausmannskost – die letztere begeistert vor allem meinen Vater.

Neben ausgedehnten Wanderungen, stehen auch immer wieder Erkundungsfahrten in die nähere Umgebung auf dem Programm. Jedes Mal, wenn wir mit dem Auto die Staubstraße entlangfahren, die zu unserem abseits gelegenen Feriendomizil führt, vollzieht sich an einer bestimmten Abzweigung dasselbe Ritual: Mein Vater hält den Wagen an, meine Mutter steigt aus, schaut zu dem nahegelegenen Gehöft hinüber und ruft: »Bürschi!«

Wenige Augenblicke später kommt ein kleiner weißer Spitz den Weg entlanggeflitzt. Obwohl ihm ein Hinterbeinchen fehlt, ist er erstaunlich schnell – offensichtlich hat er gelernt, mit seinen drei Beinen zurechtzukommen.

Bürschi heißt eigentlich *Max*, wie wir von seinem Besitzer erfahren haben, wird jedoch gemeinhin *Zamperl* gerufen. Aber für uns ist der kleine weiße Kerl eben der *Bürschi*. Er hat mit seinem neuen Namen auch keinerlei Probleme, im Gegenteil: es ist Musik in seinen Ohren, wenn er ihn hört. Denn wenn unser Auto angefahren kommt, anhält und dieser Name gerufen wird, heißt das für ihn: Er bekommt ein Geschenk. Ja, natürlich – es ist etwas zu essen. Er ist ein Hund, und was könnte ihm mehr Freude machen als eine Scheibe Wurst vom Frühstückstisch, ein Stückchen Rindfleisch vom Mittagessen oder ein Käsebrot, das bei der Wanderung nicht verzehrt wurde? Wir achten darauf, nie an dem Gehöft vorbeizufahren, ohne eine Kleinigkeit für Bürschi dabeizuhaben. Mit der Zeit kommt der Kleine schon mit wehender Ringelrute angelaufen, wenn er unseren Wagen nur in der Ferne sieht und das vertraute Geräusch des Dieselmotors vernimmt. Dankbar und glücklich nimmt er sein kleines Geschenk in Empfang, leckt meiner Mutter die Hände und trottet, wenn sich die Autotür wieder schließt und der Wagen weiterfährt, zufrieden zu seinem Zuhause zurück.

Als wir eines Tages anhalten, um Bürschi sein Mitbringsel zu geben, hockt der kleine Kerl in einem Waschzuber und wird von der Bäuerin gewaschen. Seine verantwortungsvollen Aufgaben als Bauernhofspitz machen es anscheinend erforderlich, dass er von Zeit zu Zeit einer ordentlichen Grundreinigung unterzogen wird. Ehe die Bäuerin sich versieht, ist Bürschi aus dem Zuber gesprungen und kommt, über und über mit Schaum bedeckt und zur Hälfte geschoren, am Auto an. Der Anblick ist so komisch, dass wir Tränen lachen müssen. Ja, wenn Bürschi den vertrauten Wagen sieht und ein Leckerchen erwartet, lässt er sich eben durch nichts davon abhalten, zu uns zu sausen.

Nach den Sommerferien vergeht ein ganzes Jahr, ehe wir wieder die Staubstraße zu unserem Ferienquartier entlangfahren. Bürschi hat Glück – der Urlaub hat uns so gut gefallen, dass wir unser Quartier auch für die nächsten großen Ferien gebucht haben.

Ob inzwischen andere Autos mit ähnlichem Aussehen oder Motorengeräusch die Straße entlanggefahren sind, ob er vergeblich hinter ihnen hergelaufen ist und bitter enttäuscht wurde?, fragen wir uns. *Ob der Kleine uns überhaupt noch kennt?*

Als wir anhalten und seinen Namen rufen, erfahren wir die Antwort: Mit wehender Ringelrute kommt ein kleiner, dreibeiniger Hund vom Hof geflitzt, hüpft begeistert um uns herum und leckt meiner Mutter die Hände. Bürschi hat uns und die kleinen Gaben, die er von uns erhalten hat, nicht vergessen.

Wenn ich heute an diese Geschichte zurückdenke, bewegt mich die Dankbarkeit dieses kleinen Tieres. Und ich möchte lernen, all das Gute, das ich von Gott empfangen habe und Tag für Tag von Neuem empfange, wertzuschätzen und niemals zu vergessen.

Tiere sind so angenehme Freunde.
Sie stellen keine Fragen und üben keine Kritik.

George Eliot

Berry

In den nächsten Jahren bereichern eine Reihe anderer Tiere mein Leben: Der sanftmütige Collie *Etzel* meiner Patentante, der mit grenzenloser Geduld Pfötchen gibt und sich dafür mit Streicheleinheiten und Frolics beschenken lässt. Die munteren Shetlandponys des Dorfpolizisten, an deren Weide wir Schulkinder jeden Morgen auf dem Schulweg vorbeikommen, sodass uns keine trächtige Stute, kein neues Fohlen entgeht. Die Rehe und Kaninchen, die um unser im Wald gelegenes Haus herum leben, und von meinen Eltern, so gut wie möglich, gegen die Zudringlichkeiten der jeweiligen Jagdpächter verteidigt werden. Die beiden Amseln, die über Jahre hinweg jedes Frühjahr in unserer Garage brüten und unbesorgt zulassen, dass wir ihre winzigen, flaumigen Babys aus der Nähe beobachten und ihnen gelegentlich selbst einmal ein Regenwürmchen in die aufgesperrten Schnäbel stecken. Die Meisen, Finken, Rotkehlchen, Dompfaffen, Spechte, Elstern und Fasanen, die wir, Winter um Winter, an dem auf der Terrasse eingerichteten Futterplatz beobachten. Das halb verhungerte Katerchen, das meine Mutter im Garten findet und aufpäppelt, das sich von mir im Puppenwagen herumfahren lässt. Die kleinen Igel, die zu mager sind, um den bevorstehenden, langen Winterschlaf zu überleben, und die darum in unserem Heizungskeller Aufnahme finden…

Und dann, endlich: *Berry*, mein erster eigener Hund. Kein Spitz, sondern ein blonder Hovawartrüde – die Rasse haben meine Eltern ausgesucht. Aber ich darf den kleinen, tapsigen Welpen aus einem Wurf allerliebster Fellknäuel auswählen, ich darf ihn versorgen, pflegen und erziehen. Mit ihm unternehme ich ausgedehnte Spaziergänge und Fahrradtouren, mit ihm trainiere ich auf dem Hundeplatz. Mit ihm gehe ich auf die Welthundeausstellung in Dortmund, wo er, zu meinem grenzenlosen Stolz, eine silbrig glänzende Medaille und eine Lederbrieftasche gewinnt, in der ich noch Jahrzehnte später meinen Reisepass, meinen Führerschein und meine diversen Fahrzeugpapiere aufbewahre. Der schöne, starke, gutmütige Berry, der mich über manchen Kummer in der Schule, manches Zerwürfnis mit Freunden, und manche Nöte und Kümmernisse auf dem Weg zum Erwachsenwerden hinwegtröstet. Berry, der klaglos zurückbleibt, als ich nach dem Abitur aus dem Elternhaus ausziehe, Fremdsprachen studiere, und ihm nur noch alle paar Wochen, dann nur noch alle paar Monate einen Besuch abstatte.

Berry, der im Alter an schwerer Hüftgelenksdysplasie erkrankt und eines Tages, als ich nach einem Krankenhausaufenthalt zu meinen Eltern komme, nicht mehr da ist. Berry, der seit Wochen keine Treppen mehr gehen konnte und sich dennoch am Tag vor seinem Tod in mein altes Kinderzimmer hinaufgeschleppt hat, mühevoll Stufe um Stufe geklettert ist – vielleicht um mich zu suchen, um mich ein letztes Mal zu sehen, um Abschied zu nehmen?

Seine Treue beschämt mich, und sein Tod tut weh, auch wenn in den letzten Jahren andere Dinge im Mittelpunkt meines Lebens gestanden haben.

Tief in meinem Herzen spüre ich: Eines Tages werde ich wieder einen Hund haben. Vielleicht wird es ja das nächste Mal ein Spitz sein?

Die Menschen streichen meist das Negative heraus.
Oder haben Sie schon einmal ein Schild mit
der Aufschrift »Gutmütiger Hund« gesehen?

Anonym

Ein Wolf in unserem Haus

Jahrzehnte sind vergangen. Ich lebe inzwischen in Germersheim am Rhein, habe geheiratet und zwei Söhne und zwei Töchter bekommen. Nach manchen Krisen und Nöten haben mein Mann und ich nach der Geburt unseres zweiten Kindes zum Glauben an Jesus Christus gefunden. Seitdem ist Frieden eingekehrt. Wir leben in bescheidenen Verhältnissen, aber wir sind glücklich und fühlen uns reich beschenkt. Wir haben vier gesunde Kinder, Arbeit, ein Dach über dem Kopf, sogar ein Auto ... Vor allem: Wir haben Vergebung für die Fehler der Vergangenheit, einen Gott, der in der Gegenwart für uns sorgt, und eine hoffnungsvolle Zukunft.

Es fehlt nichts zu unserem Glück. Oder vielleicht doch?

Eines Morgens, als ich mit meinen Töchtern zum Kindergarten gehe, begegnet uns ein Mann mit einem mächtigen Schäferhund. Tabea kann die Augen nicht von ihm abwenden – fasziniert betrachtet sie die kräftigen Beine, die breite Brust, das starke weiße Gebiss. »Ein Hund!«, sagt sie begeistert. »Ein Hund!« Und dann, mit ganz tiefer, andächtiger Stimme und einem zweiten Blick auf die Ehrfurcht gebietenden Zähne, korrigiert sie sich selbst: *»Ein Lolf!«*

Und da ist er wieder – der Wunsch, den unsere Kinder schon so oft geäußert haben: *Wir möchten einen Hund haben!*

Gern würden wir ihnen diesen Wunsch erfüllen, aber unsere Oma, in deren Haus wir leben, ist dagegen. Wir können uns nicht einfach über sie hinwegsetzen. Aber wir können beten, dass Gott ihr Herz bewegt. Und bis es so weit ist … können wir ja auch ein bisschen in den Kleinanzeigen lesen, oder?

Eines Tages entdecke ich eine Anzeige, in der ein Wurf Schäferhund-Mischlinge angeboten wird: *Nun sind wir schon wieder eine Woche älter geworden, und niemand wollte uns haben. Vielleicht klappt es ja dieses Mal?* Ich bin so gerührt, dass ich ein bisschen schlucken muss, und lese meiner Familie die Anzeige vor. Unsere Oma ist gerade für ein paar Tage in Urlaub. Darum ... ja, wir fahren einfach mal hin. Nein, wir holen keinen Welpen. Wir wollen sie nur mal anschauen. Das können wir ja ruhig. *Nur angucken, natürlich, nur angucken,* versichern Gerhard und ich uns gegenseitig. Aber aus irgendeinem Grund nehmen wir doch eine große Wolldecke mit. Und ich stecke vorsichtshalber mal das ganze Bargeld ein, das ich noch im Haus habe ...

Vier Stunden später sind wir wieder da. Mein Geld ist weg – stattdessen trage ich eine etwas verstörte, aber unendlich sanftmütige junge Hündin in den Armen.

Als Oma wiederkommt, sind wir alle unschuldig. »Wir wollten sie nur angucken«, versichern wir ihr. »Ehrlich, nur angucken. Aber die Welpen waren so süß, und niemand wollte sie haben. Und dann diese eine hier ... die hat uns immer so lieb angeschaut, und da ... das verstehst du doch, oder?« Oma winkt ab. Sie weiß, sie hat verloren. Die kleine Hündin, *Elsa,* darf bleiben!

Sie dankt es Oma – und unserer ganzen Familie – durch immerwährende Freundlichkeit. Sie wächst

zu einer bildschönen Schäferhündin heran, der nur
ein echter Kennerblick die Husky-Großmutter unter
ihren Vorfahren ansieht.

Nur einmal tritt ihr genetisches Erbe so deutlich zutage, dass wir noch Jahre später darüber
schmunzeln müssen: Als ich eines Morgens die
Treppe hinuntergehe, kommt unsere Oma, die im
Erdgeschoss unseres gemeinsamen Hauses lebt, aus
ihrer Wohnungstür. Ratlos schaut sie mich an und
berichtet mir besorgt, was ihr soeben passiert ist. Es
sei wirklich schrecklich, meint sie, wie ihr Gedächtnis sie in der letzten Zeit im Stich lasse. Sie sei sich
ganz sicher gewesen, dass sie nach dem Aufstehen
ein Stück tiefgefrorenen Fisch auf die Arbeitsplatte
gelegt hätte, um ihn fürs Mittagessen aufzutauen.
Und als sie nach dem Frühstück wieder in die Küche
gegangen sei, um ihr Geschirr zurückzubringen, sei
nur ein leerer Teller dagestanden. »Da habe ich doch
tatsächlich nur den Teller hingestellt und mir dann
eingebildet, ich hätte den Fisch draufgelegt. Da, sieh
selbst!« Ich folge ihr in die Küche – sie hat recht.
Der Teller ist leer. Während Oma zum Kühlschrank
geht, um den vermeintlich vergessenen Fisch aus
dem Gefrierfach zu nehmen, fällt mein Blick auf den

Papierkorb. »Ich glaube, mit deinem Gedächtnis ist alles in Ordnung«, sage ich schmunzelnd. »Schau mal, die leere Fischpackung liegt in deinem Papierkorb. Du hast den Fisch tatsächlich herausgeholt und auf den Teller gelegt. Genau, wie du dachtest.«

Verblüfft schaut sie mich an, und im nächsten Moment muss sie lachen. »Jetzt wird mir alles klar. Vorhin, als ich die Wohnungstür kurz offen hatte, ist Elsa hereingekommen und hat mir einen Besuch abgestattet. Da hat sie sich dann wohl auf dem Rückweg ihr zweites Frühstück aus meiner Küche geholt.«

Elsas Vorliebe für Fisch ist uns bereits bekannt. Aber dafür, dass sie ihn sogar in tiefgefrorenem Zustand genießt, finden wir nur *eine* Erklärung: Das Erbe ihrer Vorfahren, jener treuen Schlittenhunde, die es gewöhnt waren, ihren Herren in arktischer Kälte zur Seite zu stehen und die ihr Futter bestimmt auch öfter in gefrorenem Zustand serviert bekamen.

Elsa wird unseren Kindern eine treue, geduldige Kameradin. Jeden Morgen geht sie mit, wenn mein Mann unsere Töchter zum Kindergarten begleitet, später dann zur Grundschule und einige Jahre darauf, als die beiden in Speyer aufs Gymnasium gehen, zum Bahnhof. Sie ist der bravste Hund, den ich je kennengelernt habe. Niemals hat sie gebissen oder einen Menschen auch nur angeknurrt – sie ist ein Muster von einem Familienhund. Ja, wir glauben, dass es letztlich doch Gott gewesen ist, der sie uns geschenkt hat – dass er seine Hand über allem hatte, auch wenn wir vielleicht ein bisschen eigenmächtig vorgegangen sind.

Mit zehn Jahren bekommt Elsa Gesäugetumore und eine Gebärmutterentzündung, die eine späte Kastration erforderlich machen. Sie erholt sich erstaunlich gut, aber trotzdem wird uns auf einmal bewusst, dass ihr Leben begrenzt ist. Eines Tages verspüre ich im gemeinsamen Gebet mit meinem Mann den Impuls, einen guten Tod für Elsa zu erbitten. Ich bete ganz konkret: Dass wir sie, wenn es so weit ist, nicht einschläfern lassen müssen, sondern dass sie eines natürlichen Todes sterben darf. Und dass wir sie nicht eines Morgens tot auf ihrem Lager finden, sondern dass sie im Kreis unserer Familie stirbt. Dass sie nicht allein und ungetröstet sterben muss, sondern dass wir sie dabei in den Armen halten können. Mir ist ein bisschen angst vor meinem eigenen Gebet – wie komme ich nur darauf? Aber bald ist es vergessen. Denn wir sind vollauf mit der neuen Herausforderung beschäftigt, die in unser Leben kommt: Wir werden umziehen … wir haben ein eigenes Haus gekauft!

Auch der Schwächste soll sagen: Ich bin ein Held!
Joel 4,10

Kleiner Hund – ganz groß!

Bevor wir in unser neues Haus einziehen können, brauchen wir noch eine Kücheneinrichtung, denn der Vorbesitzer hat seine Küchenmöbel mitgenommen. Eine Freundin erzählt uns von einem Händler im Nachbarort, der gebrauchte Küchen verkauft. Wir vereinbaren einen Termin und fahren zu der angegebenen Adresse. Vor der Werkstatt, in der die Elektrogeräte überholt werden, ist ein kleiner, cognacfarbener Hund angebunden. Es ist ein Spitz, und mein Herz macht einen Sprung.

Offensichtlich hat der kleine Bursche die Aufgabe, die Geräte und Werkzeuge zu bewachen, während sein Herrchen in den hinteren Räumlichkeiten beschäftigt ist. Das Spitzchen nimmt seine Aufgabe gewissenhaft wahr und verteidigt das ihm anvertraute Gut unter Einsatz seines gesamten Stimmvolumens. Mein Mann ist fasziniert von dem putzigen Kerl, der sich trotz seiner geringen Körpergröße aufführt wie ein wütender Löwe. Gerhard lässt sich von seinem wilden Gehabe nicht beeindrucken und geht mit langsamen, ruhigen Schritten auf ihn zu. Freundlich spricht er auf ihn ein und hält ihm den Handrücken hin. Der Kleine geht auf sein Friedensangebot ein und beschnuppert die ihm dargebotene Hand. Schließlich scheint er zu der Gewissheit zu kommen, dass von uns keine Gefahr ausgeht. Solcherart zufriedengestellt, rollt er sich auf den Rücken, streckt die Beinchen in die Höhe und wartet offensichtlich darauf, von seinem neuen Freund gestreichelt zu werden. Gerhard ist ganz begeistert von dem kleinen Schelm und krault und tätschelt ihn ausgiebig. Was für ein prächtiges, weiches Fell, was für ein unerschrockenes und gleichzeitig so verschmustes Wesen … Als der Werkstattinhaber auftaucht, schmunzelt er über seinen kleinen Wächter, der die neuen Kunden bereits als harmlos eingestuft und sich mit ihnen angefreundet hat.

»Wie heißt denn der Kleine?«, erkundige ich mich, und die Antwort bringt Gerhard und mich nun wirklich zum Lachen. »Er heißt *Goliat*.«

Natürlich. Wie könnte es anders sein. Der Kleine ist riesig! Man sieht es nur nicht gleich …

Der Mann fährt uns voraus zum Nachbarort, in dem sich das Küchenlager befindet. Goliat fährt mit. Auf dem Beifahrersitz natürlich – gönnerhaft und verschmitzt blinzelt er aus dem Fenster des Lieferwagens auf uns herab.

Wir finden eine hübsche, gebrauchte Markenküche – zu einem sehr guten Preis, wie wir beide meinen. Für einen geringen Aufschlag, wird sie uns sogar nach Hause geliefert. Wir sind vollauf zufrieden. Und dankbar – denn wieder einmal hat unser freundlicher, fürsorglicher Gott ein Gebet erhört. Die Küche ist erst am Vortag ins Lager gekommen, erfahren wir noch, und solche hellen Küchen gehen immer weg wie warme Semmeln ...

Wir verabschieden uns von dem netten Händler und seinem charmanten Spitz. Während wir zum Auto zurückgehen, sagt Gerhard unvermittelt: »Weißt du ... wenn unsere Elsa einmal nicht mehr lebt ... dann holen wir uns auch so einen Goliat.«

Ich bin wie vom Donner gerührt und halte Gerhards Worte fest wie einen kostbaren Schatz, auch als er sie längst vergessen hat. Mein Kindheitstraum ist zu neuem Leben erwacht.

Die Stunde ist kostbar. Warte nicht auf eine spätere, gelegenere Zeit.

Katharina von Siena

Elsas Vermächtnis

Der Umzug in das neue Haus ist bewältigt, und unser neues Domizil gefällt uns wunderbar. Genügend Platz für alle, sogar ein kleiner Garten mit Sträuchern, Rasen und Apfelbäumen ist dabei. Elsa hat den Umzug gut verkraftet und liebt ihr neues Zuhause sehr. Begeistert gräbt sie Löcher in der weichen Erde, lauscht den zwitschernden Vögeln und sonnt sich in dem satten, grünen Gras.

Eines Tages, als wir zum Gottesdienst aufbrechen, will Elsa nicht im Haus bleiben. Sie schaut uns bettelnd an: Sie will in den Garten. Wir lassen ihr ihren Willen – es ist ein schöner Tag, der Garten ist eingezäunt, und weggelaufen ist sie ohnehin noch nie.

Nach dem Gottesdienst begrüßt sie uns fröhlich, verzehrt mit gutem Appetit ihr Mittagessen und macht ein Schläfchen auf den kühlen Fliesen im

Flur. Am Nachmittag kommt unser Sohn Andreas mit seiner Frau Ewa zu Besuch. Wie jeden Sonntag kommen sie gegen 17.00 Uhr, um ein oder zwei Stunden zu bleiben – das hat sich inzwischen so eingespielt, da beide berufstätig sind und nur am Wochenende Zeit haben.

Als sie am Hoftor stehen, läuft Elsa fröhlich bellend auf sie zu und springt um sie herum, während sie zum Haus gehen.

Wir holen uns einen Kaffee und setzen uns in den Garten, um den schönen Nachmittag im Freien zu genießen. Unsere jüngste Tochter Pauline und ich wollen morgen nach Polen fahren, wo ihre Schwester Tabea zurzeit einen Freiwilligendienst absolviert. Meine Schwiegertochter ist Polin und hilft mir, noch ein paar wichtige Redewendungen zu lernen. Gerhard und Pauline hocken neben uns im Gras, Elsa liegt zwischen uns, und Andreas sitzt bei ihr und streichelt ihren Kopf. Lachend erinnern wir ihn daran, wie er sich früher immer mit der Entschuldigung:»Ich muss den Hund streicheln.« vorm Abräumen des Mittagstisches gedrückt hat.

Während ich gerade lerne auf Polnisch»Vielen Dank für Ihre Geduld!« zu sagen, stößt Elsa unvermittelt einen klagenden, lang gezogenen Laut aus. Noch nie haben wir so etwas Unheimliches gehört. Ihre Pfoten zucken unkontrolliert, sie beginnt am ganzen Leib zu zittern. Wir stürzen zu ihr hin, und Gerhard ruft in plötzlichem Begreifen: »Elsa, Elsa! War das dein letzter Ton?« Innerhalb weniger Sekunden färben sich ihre Lefzen und ihre Zunge blau, und während Andreas noch verzweifelt »Wir müssen zum Tierarzt!« ruft, tut sie ihren letzten Atemzug.

Es ist vorbei. Unsere Elsa ist nicht mehr.

Erst zwei Tage später, als ich morgens mit meiner Bibel in Tabeas Küche sitze, kann ich weinen. Dieser liebe, treue, unendlich brave Hund. So plötzlich, so unvermittelt hat sie uns verlassen. Sie hatte sich doch so gut von ihrer Operation erholt, war bis zum letzten Tag noch fröhlich und gesund gewesen! Ich hatte mir ihre letzte Wegstrecke ganz anders vorgestellt. Hatte daran gedacht, wie es sein würde, wenn ihre Kräfte nachließen … hatte mir überlegt, wie wir dann nur noch kleine Spaziergänge mit ihr machen würden, ihr die Treppen hinaufhelfen, sie mit Leckerbissen füttern, ihr immer wieder unsere

Liebe zeigen und ihr einen schönen Lebensabend bereiten würden. Doch nun war es ganz anders gekommen.

Es dauert ein bisschen, ehe ich begreife, dass Gott genau das hat geschehen lassen, was wir vor Monaten von ihm erbeten haben. Dass Elsa einmal nicht lange leiden und nicht eingeschläfert werden muss – und, dass sie im Kreis der Familie sterben darf, in unseren Armen. Genauso ist es gekommen.

Allmählich löst sich mein Schmerz, und ich kann Gott dafür danken, dass wir diesen lieben Hund zwölf Jahre lang bei uns haben durften. Dass sie uns so treu begleitet, uns so bereichert, uns so viel Freude geschenkt hat.

Dass Elsas Tod für uns so überraschend kam, rüttelt mich auf. Ich denke an einen Vers, den mir eine Schulfreundin ins Poesiealbum geschrieben hat: *Nutze die Zeit, denn es ist schon später, als du denkst.* Damals als Kind konnte ich so wenig damit anfangen.

Nun denke ich: Es kann einmal so schnell zu Ende sein, jeder Tag ist ein Geschenk. Ich bin froh, dass ich – jedenfalls meist – darauf eingegangen bin, wenn Elsa um ein wenig Aufmerksamkeit, ein paar Streicheleinheiten oder eine kleine Extrarunde um den Block gebettelt hat. Und ich nehme mir fest vor, aus dem Erlebten zu lernen. Erst kürzlich habe ich in einer russischen Legende gelesen: *Die wichtigste Zeit ist die Gegenwart. Der wichtigste Mensch ist der, den du gerade vor dir hast. Und die wichtigste Aufgabe ist, ihm Gutes zu tun.*

Ausdauer wird früher oder später belohnt –
meistens aber später.
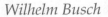
Wilhelm Busch

Ein Traum wird wahr

Sechs Monate und zahllose Internetrecherchen, E-Mails und Telefongespräche später, rollt ein grüner Ford Mondeo über die B 10 Richtung Pirmasens. Heute ist ein großer Tag – wir wollen unseren kleinen »Goliat« holen. Trotz Gerhards spontaner Begeisterung für den kleinen Spitz am Küchenlager, haben wir lange gebetet, ob wir uns wirklich noch einmal einen Hund kaufen sollen. Als das entschieden war, haben wir Gott um Führung gebeten, dass wir den Richtigen finden – den, den er uns zugedacht hat. Der zu unserer Familie passt. Der uns zum Segen wird. Wir wollen nichts Voreiliges tun, keinen Fehler machen. Schließlich sind wir uns sicher – diese Züchterin im Pfälzer Wald soll es sein. Und da nach Sprüche 15,22 »viele Ratgeber den Erfolg garantieren«, haben wir uns gleich zu fünft auf den Weg gemacht. Gerhard bleibt zu

Hause – er vertraut darauf, dass ich, mithilfe unserer Töchter, unserer Schwiegertochter und unserer polnischen Freundin, die gerade zu Besuch ist, das richtige Hündchen erkennen werde.

Auf dem Grundstück der Züchterin empfängt uns eine muntere Schar von Spitzen – Welpen aus verschiedenen Würfen leben mit erwachsenen Hunden in einem liebevoll ausgestatteten Gehege zusammen. Unser Besuch scheint den Kleinen zu gefallen. Sie kommen zutraulich angelaufen, hoffen auf Leckereien, jagen sich gegenseitig Spielzeug und Kauknochen ab, bellen, lecken uns die Hände, knabbern an unseren Nasen. Wir sind überwältigt – alle sind so niedlich, und wir können uns für keinen Welpen entscheiden. Mir gefällt eine ruhige, weiße Hündin, die sich widerstandslos von mir auf den Schoß nehmen lässt und zutraulich an meinem Hals schnuppert. Ich hätte sie wirklich gern, aber die anderen sind sich unsicher. Die Züchterin hat eine Engelsgeduld. Nach beinah zwei Stunden haben wir uns immer noch nicht entschieden. Wieso ist das nur so schwer – wir haben doch gebetet? Plötzlich verschwindet die Züchterin in ihrem Haus und trägt noch zwei weitere Welpen herbei. Einer ist grau, der andere schwarz-weiß gefleckt. Sie sind kleiner als die anderen, eigentlich wollte sie sie noch gar nicht verkaufen. Aber nun dürfen wir sie sehen. Und meine Töchter haben sich sofort entschieden. Der kleine, schwarz-weiße Rüde soll es sein – er ist wunderhübsch und hat ein umwerfend fröhliches, lebhaftes Wesen. Nicht aufdringlich, irgendwie in sich ruhend und dabei trotzdem lebendig und charmant. »Das ist er!« Sie sind sich ganz sicher. »Der ist perfekt«, bestätigt Ewa. »Aber du musst es entscheiden. Die kleine Hündin passt wahrscheinlich besser zu dir.« Das ist jetzt wirklich schwer. Agnieszka ist für den kleinen grauen Rüden, ich bin für die weiße Hündin und die drei anderen für den schwarz-weißen. Noch einmal ein Stoßgebet, dann ist es entschieden. Wir nehmen den schwarz-weißen!

Ich unterschreibe den Kaufvertrag, zücke mein Portemonnaie und blättere seinen gesamten Inhalt auf den Tisch – das ganze Geld, das sich zuvor auf meinem, nun völlig geplünderten Konto befunden hat. Irgendwie kommt mir die Szene bekannt vor … Ein stolzer Preis für eine Handvoll Leben, aber ich bereue es keinen Augenblick. Dieses vollkommene kleine Wesen, dieses Meisterwerk Got-

tes – ich finde, es ist mit Geld ohnehin nicht aufzu-
wiegen.

Wir setzen das Hündchen in den mitgebrachten
Wäschekorb. Meine Schwiegertochter fährt, und ich
halte das Körbchen auf dem Schoß. »Wir nennen
ihn Wolle«, beschließen meine Töchter. Der kleine
Rüde, der eigentlich einen ziemlich langen Adels-
namen trägt und einen noch längeren Stammbaum
hat, scheint keine Einwände zu haben. Er schließt
ergeben die Augen und übersteht die erste Autofahrt seines Lebens, ohne sich ein einziges Mal zu
übergeben.

Ich bin überglücklich. Mein Traum ist Wirklichkeit geworden – ich habe einen kleinen Spitz.

Kauf einen jungen Hund und du wirst für dein Geld
wild entschlossene Liebe bekommen.

Rudyard Kipling

Stille Zeit

Unser Spitzchen lebt sich schnell bei uns ein. Nur die Nächte sind ein bisschen schwierig, denn mit ins Bett darf er nicht. Aber er gewöhnt sich schnell an seine Schlafbox, die immerhin in unserem Schlafzimmer steht. Er trollt sich widerspruchslos dort hinein, wenn ich ihn dazu auffordere. Wenn ich ihn morgens herauslasse, ist die Freude erst einmal groß. Schnell trage ich ihn in den Garten, damit er sein Geschäftchen erledigt, dann koche ich mir meinen Kaffee und trage Hündchen und Kaffeebecher wieder hoch ins Schlafzimmer. Inzwischen habe ich mir angewöhnt, meine Stille Zeit auf dem Fußboden zu machen, denn nach der langen Nacht, hat der Kleine das Bedürfnis, ganz nahe bei mir zu sein. Er krabbelt auf meinen Schoß, rollt sich ein und gleitet ins Reich der Träume hinüber. Während ich die Tageslosung und die angegebenen Bibelabschnitte lese, spüre ich die Wärme des kleinen Körpers auf meinen Beinen. Fühle, wie das kleine Herz schlägt, wie die Beinchen im Traum zucken. Vorsichtig fahre ich mit den Fingerspitzen über das weiche Fell, streichle das zarte Köpfchen und betaste die samtigen Ohren. Dieses winzige Bündel Leben auf dem Schoß zu halten, rührt mich zutiefst. Wie vollkommen ist dieses kleine Geschöpf, wie rein, wie schutzbedürftig und vertrauensvoll. Immer wieder, während ich in der Bibel lese, danke ich meinem himmlischen Vater dafür, dass er mir meinen Herzenswunsch erfüllt und mir dieses wunderbare Geschenk gemacht hat.

Der Kleine schläft ganz tief. Obwohl ich nun eigentlich aufstehen, ins Bad gehen und mich anziehen müsste, bleibe ich noch ein bisschen sitzen. Ich bringe es einfach nicht über mich, das Hündchen zu wecken, und genieße jede weitere Minute unserer stillen Gemeinschaft. Sie tut so gut, dass ich sie am liebsten niemals unterbrechen würde.

Plötzlich habe ich das Gefühl, dass Gott mir durch diese Situation etwas sagen möchte. Ich spüre sein Reden so deutlich, als würde ich eine akustisch wahrnehmbare Stimme hören: »Siehst du, so stelle ich mir das vor, wenn du zu mir kommst, um Stille Zeit zu machen. So wie dieser kleine Hund einfach bei dir liegt, deine Gegenwart in sich aufnimmt, deine Nähe und Liebe tankt – so darfst du zu mir kommen. Das ist das größte Geschenk, das du mir machen kannst: Dass du einfach da bist, meine Gegenwart spürst und an meinem Herzen zur Ruhe kommst.«

Ich lasse diesen Gedanken tief in mich hineinsinken. Ich will ihn mit in meinen Tag, in mein ganzes weiteres Leben nehmen und nie mehr vergessen.

Wenn Träume wahr werden,
herrscht Leben und Freude.

Sprüche 13,12

Glück auf kleinen Pfoten

Die ersten Wochen mit unserem neuen Familienmitglied erlebe ich ganz intensiv. Ich bin so glücklich darüber, dass ich den Kleinen habe. Meine Gefühle für ihn erinnern mich ein bisschen an die Zeit, als meine Kinder klein waren. Nun, da sie erwachsen sind, scheint es fast so, als würden sich meine mütterlichen Instinkte an dieses Hündchen binden. Für ihn zu sorgen, ihm zu geben, was er braucht, sein kleines Leben zu beschützen, füllt mich in den nächsten Wochen vollkommen aus. Der Kleine ist so fröhlich, so dankbar für alle Zuwendung, so clever und lebenslustig. Er scheint nur Gutes von Menschen und Tieren zu erwarten, geht freundlich auf alle zu und ist stets begierig, etwas Neues zu erleben und zu erkunden. Glücklicherweise hat er kein Interesse daran, Schuhe zu zerkauen oder Stuhlbeine anzuknabbern. Aber wir achten auch darauf, dass er genügend andere Beschäftigungen hat. Wenn ich längere Zeit am Schreibtisch arbeiten möchte, packe ich ihm ein Päckchen: Ich stecke ein Knabberstückchen in eine alte Papprolle, knicke sie an den Enden um und stecke die so präparierte Rolle in einen Schuhkarton, den ich locker zubinde. Dieser kommt dann – zusammen mit ein paar zusammengeknüllten Zeitungsseiten – in ein etwas größeres Paket, das wiederum locker mit einem Band umwickelt wird. Nun kommt das Ganze noch in ein richtig großes Paket, das an der Seite offen bleibt. (Jetzt erweist es sich als sehr nützlich, dass ich solch einen »Hamstertrieb« habe und die Kartons von meinen diversen Internetbestellungen immer gern aufhebe. Man weiß ja nie, wozu man sie einmal gebrauchen kann...)

Wenn ich Wolle, der währenddessen gespannt im Flur gewartet hat, dann ins Zimmer lasse und ihm in begeistertem Tonfall das sorgsam zurechtgemachte »Geschenk« präsentiere, stürzt er sich voller Begeisterung darauf. Er kann sich durchaus eine halbe Stunde damit beschäftigen, bis er das Leckerchen aus sämtlichen Umhüllungen befreit hat und sich dann genüsslich darüber hermacht. Oft ist er, nachdem er sich dann das Futterstückchen erobert hat, so erschöpft, dass er danach gleich noch ein Stündchen schläft, und ich in Ruhe weiterarbeiten kann.

Schon bald hat sich unser kleiner Spitz seinen Lieblingsplatz im Haus auserkoren: Eines Tages, als er plötzlich verschwunden ist, und ich mich auf die Suche nach ihm mache, entdecke ich ihn im Wäschekorb, der an der Tür zur Kellertreppe steht. Der Korb ist halb voll mit schmutziger Wäsche und wartet darauf, dass ihn der Nächste, der in den Keller geht, mit zur Waschmaschine nimmt. Dieser türkisfarbene Plastikkorb hat es Wolle offensichtlich angetan. Der vertraute Geruch, der ihm aus der getragenen Wäsche entgegensteigt, scheint ihm ein Gefühl der Geborgenheit zu vermitteln. Selig und süß schlummert der kleine Kerl auf seinem »Wäschebett«. Von da an sorge ich dafür, dass dieser Korb – natürlich mit ein wenig Schmutzwäsche gefüllt – immer für ein spontanes Nickerchen bereitsteht.

Die Ankunft des neuen Hausgenossen macht auch einige bauliche Maßnahmen erforderlich: Wir bringen eine Barrikade zwischen Flur und Küche an, damit der wuselige kleine Kerl uns beim Kochen nicht zwischen den Füßen herumläuft, uns zum Stolpern bringt und von herunterfallenden Töpfen oder Kannen getroffen wird. Aufmerksam schaut er vom Flur aus zu, während ich in der Küche hantiere. Bald ist er groß genug, um die Vorderpfötchen auf die Barriere zu stellen. So hat er alles gut im Blick und akzeptiert es klaglos, dass er draußen bleiben muss. Immerhin kann er mich ja sehen, und dass ich ihn immer wieder lobe und ihm, ab und zu, mal ein Stückchen Fleisch oder Käse zuwerfe, versteht sich von selbst.

Die Züchterin hat uns gesagt, dass Welpen in den ersten Monaten noch keine Treppen laufen sollen. Wir sollen Wolle tragen, damit seine Wirbelsäule keinen Schaden nimmt. Aber Wolle hat schnell begriffen, wie man eine Treppe benutzt. So rennt er bald selbstständig ins obere Stockwerk und wieder hinunter. Also müssen wir uns etwas einfallen lassen: Wir bauen am äußeren Rand der Treppe aus Brettern eine schräge Rampe und überziehen sie mit Teppichbodenresten. Glücklicherweise gefällt ihm unsere Konstruktion, und als hätte er verstanden, dass wir sie eigens für ihn angebracht haben, benutzt er von da an ausschließlich seine eigene kleine »Rennbahn«, um von oben nach unten und wieder hinauf zu gelangen.

Eines Morgens lasse ich Wolle, vom Schlafzimmer aus, auf den Balkon. So kann er sich ein bisschen die Zeit, mit dem über Nacht gefallenen Schnee vertreiben, während ich ins Bad gehe und mich anziehe. Als ich kurz darauf auf den Balkon hinaustrete, um ihn wieder hereinzurufen, ist er verschwunden. Ich traue meinen Augen nicht. Der Balkon ist mit einem Holzgeländer umzäunt. Zwischen den Brettern und dem Boden ist nur ein winziger Spalt – hat er sich etwa dort hindurchgezwängt und ist in den Garten gefallen? Ich schaue hinunter in den Schnee. Wolle ist nicht zu sehen. Sollte vielleicht ein Raubvogel …? Mir bleibt das Herz stehen. »Wolle, Wolle!«, rufe ich angstvoll. »Wo bist du denn, Wolle? *Wolle!!!!*«

»Er ist hier«, höre ich plötzlich eine Stimme aus dem Nachbargarten. Wie bitte? Er ist in den Nachbargarten gefallen? Er muss sich doch alle Beine gebrochen haben! Wie kann meine Nachbarin da so ruhig sagen: »Er ist hier«, als wäre das, das Normalste von der Welt?

Ich stürze zum Balkongeländer und schaue in den Nachbargarten hinab. Kein Wolle! »Schauen Sie doch, da oben!«, sagt meine Nachbarin und deutet in meine Richtung. Als ich ihn entdecke, stockt mir der Atem: Er turnt außen auf dem winzigen Fliesenstreifen zwischen Geländer und Dachrinne herum. Wie ist er nur dort hingekommen? Dann sehe ich, dass die senkrechten Holzbretter des Geländers an einer Stelle etwas auseinanderstehen. Diese kleine Lücke hat Wolle anscheinend ausgereicht, um hindurchzuschlüpfen. Sein prächtiges, dichtes Fell täuscht darüber hinweg, wie klein und schmal er in Wirklichkeit immer noch ist. Ein bisschen zittrig locke ich ihn an den schmalen Durchlass zurück. Fröhlich hüpft er zu mir auf den Balkon, und während ich meinen kleinen Schlingel in die Arme schließe, ahne ich, dass das wohl nicht sein letzter Streich sein wird …

Wo viel Gefühl ist, da ist auch viel Leid.
Leonardo da Vinci

Nächtlicher Weckruf

Nach einiger Zeit macht mein kleiner Spitz mir aus einem anderen Grund Sorgen. Er bekommt einen leichten Husten, der sich im Laufe der Zeit verschlimmert. Eines Tages fahre ich mit dem Kleinen zur Tierarztpraxis. Die freundliche Ärztin möchte ganz sichergehen und verordnet ein Antibiotikum. Der Husten wird schnell besser, aber das Antibiotikum hat Auswirkungen auf das Verdauungssystem. Auf den Appetit allerdings nicht. Wolle frisst weiterhin gut. Dass etwas nicht stimmt, merke ich erst, als sein Bäuchlein dick und hart wird, und mein kleiner Hund nur noch apathisch auf dem Fußboden liegt. Wieder gehen wir zum Tierarzt, und bei der Untersuchung stellt sich heraus, dass es allerhöchste Zeit gewesen ist – Wolle hat akute Verdauungsstörungen und eine schwere Kreislaufdepression. Er bekommt sofort eine Infusion und muss über Nacht bleiben.

Es fällt mir schwer, den Kleinen zurückzulassen, aber ein »Frauchen-und-Hund-Zimmer« gibt es hier natürlich nicht. Ja, wir werden angerufen, wenn sich sein Zustand verschlimmert, und ich darf mich jederzeit nach ihm erkundigen.

Gerhard und ich beten vor dem Schlafengehen, dass Wolle bald wieder gesund wird. Und dass er nicht zu sehr darunter leidet, dass er nun in einer fremden Umgebung ist, getrennt von seinen neuen Bezugspersonen, an die er sich gerade erst gewöhnt hat. Erschöpft krieche ich ins Bett. Die Angst, den kleinen Hund zu verlieren, den ich jetzt schon so sehr liebe, hält mich lange wach. Unruhig werfe ich mich im Bett herum, bis ich schließlich doch irgendwann einschlafe.

Mitten in der Nacht klingelt das Telefon. Ich fahre hoch und schreie: »Nein! Nein!«, noch bevor ich richtig wach geworden bin. Dieser Anruf kann nur eins bedeuten: *Wolle ist tot!*

In namenlosem Entsetzen reiße ich das Telefon aus der Halterung, aber es ist niemand dran. Wahrscheinlich bin ich in meiner Panik an eine verkehrte Taste gekommen und habe das Gespräch weggedrückt. Ohne einen Moment zu überlegen, rufe ich in der Tierklinik an und frage die diensthabende Ärztin:»Entschuldigen Sie, haben Sie eben bei uns angerufen?« –»Aber nein«, erwidert sie erstaunt, »es ist doch mitten in der Nacht.« –»Ja«, stottere ich,»aber unser kleiner Hund ist bei Ihnen in der Klinik. Und es war ihm so schlecht gegangen, und da dachte ich, vielleicht ist etwas passiert…«

»Oh, ist das der kleine Spitz? Nein, nein«, beruhigt sie mich,»dem geht es schon besser, er hat das Schlimmste überstanden. Rufen Sie morgen gegen zehn noch mal an.«

»Danke, danke, vielen Dank«, stammle ich. Erleichtert lasse ich mich auf mein Kopfkissen zurückfallen.

Am nächsten Nachmittag können wir unseren Kleinen wieder abholen. Er bekommt andere Medikamente – und darf in den nächsten Tagen nur leicht verdauliches Diätfutter essen. Es ist noch einmal gut gegangen. Ich bin Gott so dankbar, dass er mir meinen kleinen Hund wiedergeschenkt hat.

Als in der nächsten Nacht erneut das Telefon klingelt, bin ich ratlos. Ob sich da jemand einen Scherz mit uns erlaubt? Schließlich kommen wir auf die Lösung: Wir haben unser Telefon erst vor Kurzem gekauft und sind noch nicht mit allen Funktionen vertraut. Einer von uns muss versehentlich die Option »Wecker einstellen« angeklickt haben ... und unser Telefon hat dann, da keine manuelle Eingabe der Weckzeit erfolgte, das Nächstliegende getan und sich mit der Angabe 0.00 Uhr zufriedengegeben. So hat es uns dann treu und brav um 0.00 Uhr aus dem Schlaf geklingelt.

Ich muss lachen. Meine Aufregung war völlig unnötig.

Und doch: Durch dieses, scheinbar so sinnlose Vorkommnis, sind mir zwei wichtige Dinge klar geworden. Mir ist bewusst geworden, wie viel der kleine Hund mir bereits bedeutet. Die Liebe zu ihm muss ganz tief in meinem innersten Wesen verankert sein. Nur so kann ich mir erklären, dass mein erster »Gedanke« ihm galt, als ich mitten in der Nacht aus dem Schlaf gerissen wurde und noch gar keinen klaren Gedanken gefasst hatte. Offensichtlich gibt es eine Liebe, die so tief im Herzen verankert ist, dass sie vom Funktionieren des Verstandes unabhängig ist.

Während ich noch darüber nachdenke, fällt mir die Zusage Gottes ein: »Ich werde dich niemals vergessen. Siehe, in meine beiden Handflächen habe ich dich eingezeichnet.« Ich habe diese Verheißung im Lauf meines Christenlebens schon häufiger gehört, aber nun begreife ich zum ersten Mal wirklich, was Gott damit sagt: »Ich trage dich so tief in meinem Herzen, dass ich dich niemals vergessen kann. Du bist für Zeit und Ewigkeit ganz fest mit mir verbunden.«

Voller Staunen danke ich meinem himmlischen Vater für seine große Liebe – und dafür, dass er meine kleinen Erlebnisse mit meinem kleinen Hund gebraucht, um sie mir zu erklären.

Statt der Trauergewänder gebe ich ihnen duftendes Öl,
das sie erfreut.
Ihre Mutlosigkeit will ich in Jubel verwandeln,
der sie schmückt wie ein Festkleid.

Jesaja 61,3 (Hfa)

Tauschgeschäfte

Seit unser kleiner Spitz aus der Klinik zurückgekommen ist, hat er einen äußerst gesegneten Appetit. Ob es nun an dem streng rationierten Diätfutter
liegt oder einfach seinem derzeitigen Entwicklungs-
stand entspricht – Wolle versucht sich alles einzu-
verleiben, was er im Haus, im Garten und auf unseren Spaziergängen finden kann. Ständig ist er damit
beschäftigt, irgendetwas aufzulesen. Man glaubt
gar nicht, was da so alles an vermeintlich Essbarem
auf unseren Straßen herumliegt – von Ahornsamen
über kleine Steine, Flaschendeckel und Kugelschrei-
berfedern bis hin zu abgerissenen Schnürsenkeln
und Styroporschalen mit verführerisch duftenden
Burgerresten ist alles dabei. Zwischenzeitlich wird
das ständige Aufpassen für uns so anstrengend,

dass ich sogar daran denke, einen kleinen Maulkorb für Wolle zu kaufen. Wobei der Gedanke, wie ich dann den erstaunten anderen Spaziergängern erklären werde, dass mein Kleiner zwar harmlos aussehen mag, in Wirklichkeit jedoch ein äußerst gefährlicher »Kampfspitz« ist, mich schon wieder zum Schmunzeln bringt.

Während wir noch mit der grundsätzlichen Lösung dieses Problems beschäftigt sind, hat Pauline, meine jüngste Tochter, eine Idee: Sie möchte nach Mannheim fahren, um sich ein paar neue Kleidungsstücke zu besorgen. Da wir gelesen haben, dass ein junger Hund in der Prägungsphase möglichst vielfältige Erfahrungen machen sollte, würde es sich doch anbieten, einen gemeinsamen Ausflug in die große Stadt zu unternehmen.

Die Idee gefällt mir, und am nächsten Samstag setzen wir unseren Plan in die Tat um. Die Autofahrt bereitet unserem Liebling keine Probleme. Brav liegt er in seiner Transportbox und gibt keinen Ton von sich.

Aber nachdem wir einen zentral gelegenen Parkplatz gefunden haben und aus dem Auto ausgestiegen sind, lässt sich Wolle vor Aufregung kaum beruhigen. So viele fremde Menschen, so viele unbekannte Geräusche – und vor allem: so viele verführerische Gerüche! Die kleine Nase klebt förmlich am Boden, ständig müssen wir aufpassen und ihm die wahllos aufgesammelten Beutestücke wieder aus dem Mäulchen nehmen, ehe er sie verschluckt. Aber dann ist das Unglück doch passiert: Auf einmal ist die weiße Blesse um Wolles Nase blutrot verfärbt. Entsetzt schreie ich auf – bestimmt hat er in ein Metallstück oder, schlimmer noch, eine Glasscherbe gebissen! Pauline und ich knien uns zu unserem kleinen Hund auf den Boden und öffnen vorsichtig seine Kiefer, um den scharfen Gegenstand zu entfernen. Einen Augenblick später sehen wir uns fassungslos an. Was unser kleiner Held da ergattert hat, ist – ein feuerroter Lippenstift! Er muss anscheinend jemandem aus der Hülle gefallen sein. Nun kaut Wolle genüsslich darauf herum. Wir schütteln den Kopf über so viel Geschmacksverirrung – obwohl, vielleicht haben die Hersteller ja spezielle Zusatzstoffe verwendet, die unserem Hündchen das Gefühl vermitteln, hier eine ganz besondere Köstlichkeit vor sich zu haben. Mir bleibt leider nichts anderes übrig, als dem kleinen Schlingel seine Eroberung wieder abzunehmen. Nach einem kurzen Moment der Enttäuschung, wendet er, als geborener Optimist, sein Näschen neuen, vielversprechenden Düften zu. So können wir unseren Stadtbummel fortsetzen.

Leider dauert diese Phase, in der Wolle alles Mögliche und Unmögliche zu fressen versucht, noch einige Wochen an. Aber wir lernen, damit umzugehen, indem wir ihm ein Tauschgeschäft anbieten: Jedes Mal, wenn er etwas vom Boden aufnimmt, das mir ungeeignet oder gefährlich scheint, zaubere ich ein Leckerchen aus meiner Tasche hervor und halte es ihm hin. Wenn er dann sein Mäulchen aufmacht und seine Beute fallen lässt, um das Leckerchen zu nehmen, hebe ich den anderen Gegenstand schnell auf und lasse ihn verschwinden.

Ich bin sehr zufrieden damit, wie gut ich meinen Kleinen mit dieser neuen Methode austricksen kann – bis mir eines Tages schlagartig klar wird, wer hier eigentlich wen austrickst. Wolle hat den Spieß einfach umgedreht: Jedes Mal, wenn er gern etwas Feines zu essen haben möchte, nimmt er irgendeinen kleinen Gegenstand (ein Steinchen, ein Stück Karton, einen Flaschendeckel oder Ähnliches) ins

Maul, spielt auffällig damit herum und legt ihn, wenn ich darauf nicht reagiere, schließlich sogar ganz offensichtlich vor meine Füße. So will er mich dazu bewegen, ihm die begehrte Leckerei zuzustecken. Ich tue natürlich so, als würde ich seinen Trick nicht durchschauen, lobe ihn überschwänglich und freue mich einfach nur »spitzbübisch« darüber, was für ein überaus schlaues kleines Hündchen ich doch habe.

Unwillkürlich muss ich an das Lied von dem Hund und dem alten Knochen denken, das unsere Kinder vor vielen Jahren im Kindergottesdienst gelernt haben. Es handelt davon, wie man einen Hund dazu bewegen kann, seinen alten, stinkigen Knochen herzugeben. Die Antwort lautet: »Halt ihm doch mal ein Kotelett hin, dann fällt der Tausch nicht schwer …«

Immer wieder bin ich dankbar für die tiefe Wahrheit, die sich hinter diesem kleinen Lied verbirgt: Dass Gott uns in seiner Liebe genau solch einen wunderbaren Tausch anbietet. Wir dürfen unsere Schuld, unseren Schmerz und unseren Mangel zu ihm bringen – und er schenkt uns stattdessen Vergebung, Freude und ein erfülltes Leben.

Freut euch mit mir;
denn ich habe mein Schaf gefunden, das verloren war.

Lukas 15,6 (L)

Herzensangst

Als ich mit Wolle in den Waldweg neben dem Flüsschen einbiege, beginnt es wieder zu regnen. Was für ein unfreundlicher Herbsttag! Meine Brille fängt an zu beschlagen. Mit einem feuchten Papiertaschentuch wische ich sie ab. Die Regentropfen fallen aus den Baumkronen auf meine Regenjacke. Nachdem wir etwa zweihundert Meter gelaufen sind, bleibe ich stehen, und Wolle sieht mich erwartungsvoll an. Er weiß schon, jetzt kommt unsere tägliche Übung: Freilaufen. Eine Hundetrainerin, die ich vor ein paar Tagen beim Spaziergang getroffen habe, hat mich davon überzeugt, dass dies sein muss: Mein Hund braucht ein bisschen mehr Freiheit, und gleichzeitig soll er lernen, mich im Auge zu behalten und auch beim Freilauf in meiner Nähe zu bleiben. Diese Übung kostet mich immer ein bisschen Überwindung. Wolle ist noch so klein, so unerfahren … ich

habe solche Angst, dass ihm etwas passieren könnte. Mit klammen Fingern löse ich den Haken der
Hundeleine vom Halsband, und Wolle hüpft fröhlich los – schnuppert an einem Grasbüschel, scharrt
ein bisschen Erde auf. Er läuft ein paar Meter voraus oder bleibt ein bisschen zurück, aber er hält
sich immer in meiner Nähe auf. Immer wieder
schaut er zu mir hoch, wartet auf ein paar freundliche Worte, ein Streicheln, ein Leckerchen. Ich bin
erleichtert und freue mich, wie gut unsere tägliche
Übung gelingt. Ein paar hundert Meter bevor der
Waldweg auf die Straße stößt, will ich Wolle wieder anleinen. Aber gerade als ich ihn herrufen will,
höre ich in der Ferne einen Hund bellen – und Wolle rennt los. Ganz schnell läuft er von mir fort, ich
rufe und rufe, aber er scheint mich nicht zu hören.
Ich laufe hinterher, aber er ist viel schneller. Meine
Gummistiefel sind schwer wie Blei. Einen Augenblick lang sehe ich ihn noch – doch am Ende des
Waldweges biegt er rechts ab und läuft auf einen
Häuserblock zu. Dann ist er verschwunden. Mein
Herz schlägt bis zum Hals. »Wolle, Wolle, Wolle!«,
rufe ich verzweifelt. Und dann: »Jesus! Jesus! Bitte
rette ihn, beschütze ihn, bring ihn zu mir zurück!«

Ich irre durch die Straßen, klingle an den Türen, spreche Menschen in ihren Gärten an. Niemand hat Wolle gesehen. Immer wieder rufe ich zu Jesus, fast besinnungslos vor Angst. Ich flehe ihn an, meinen kleinen Hund zu bewahren, der mir in diesen wenigen Wochen schon so kostbar geworden ist. Plötzlich erinnere ich mich daran, was ich einmal gehört habe: Wenn man einen Hund verloren hat, soll man dorthin zurückgehen, wo er weggelaufen ist. Denn wenn er zur Vernunft kommt und zu seinem Menschen zurückwill, wird er ihn dort suchen, wo er ihn verlassen hat. Also gehe ich zurück in den Waldweg. Dort treffe ich zwar nicht auf Wolle, aber auf einen Mann mit einer Rottweilerhündin. Ich frage auch ihn: »Entschuldigen Sie – haben Sie vielleicht einen kleinen, schwarz-weißen Hund gesehen?« Der Mann bleibt stehen. »Ja, tatsächlich«, sagt er. »Wo war das denn?«, frage ich atemlos. Der Mann überlegt. »Es war ganz am Anfang von meinem Spaziergang. An einem Grundstück mit einem blauen Zaun. Er ist da immer an dem Zaun auf- und abgelaufen und hat gebellt. Ich habe mich noch gewundert, was er da so allein auf der Straße macht. Warten Sie mal, wie heißt diese Straße? Messplatz?«

Kein Zweifel – das ist unsere Straße, unser Haus! Ich bin überglücklich. Wolle ist nach Hause gelaufen – der Mann hat ihn gesehen, er lebt!

Ich bedanke mich schluchzend und renne los. Mit den weiten Gummistiefeln geht es längst nicht so schnell, wie ich mir wünsche. »Danke, Herr Jesus«, bete ich keuchend. »Bitte mach, dass er zu Hause bleibt, dass er nicht mehr weiterläuft.«

Endlich biege ich in unsere Straße ein. Da höre ich schon das helle Bellen. Wie glücklich bin ich darüber! Als ich um die Kurve biege, sehe ich den Kleinen. Aber er ist nicht auf der Straße, sondern im Garten, *hinter* dem Zaun. Begeistert stürzt er auf mich zu, hüpft ausgelassen um mich herum und springt in meine Arme.

Ich bin überwältigt. Dieser kleine Kerl hat, mit seinen gerade mal vier Monaten, ganz allein den weiten Weg nach Hause gefunden. Ich bin sicher, dass Gott mein Gebet erhört und ihn geführt und bewahrt hat. Wolle hat immerhin eine Hauptverkehrsstraße überqueren müssen, um nach Hause zu gelangen. Für mich ist es ein großes Wunder.

Kurz darauf kommt der Nachbar von gegenüber aus seinem Haus. Er berichtet, dass er beobachtet hat, wie unser Kleiner vor dem Zaun auf- und abgelaufen ist und gebellt hat. Da hat er ihm das Hoftor aufgemacht und ihn aufs Grundstück gelassen, damit er erst einmal in Sicherheit war. Weiter konnte er ihm nicht helfen, denn es war leider niemand zu Hause …

Wie dankbar bin ich diesem freundlichen Menschen. Wer weiß, ob Wolle nicht doch wieder fortgelaufen wäre, um mich zu suchen, wenn der Nachbar ihn nicht in den Garten gelassen hätte.

Und wie dankbar bin ich vor allem Gott, dass er meinen kleinen Hund bewahrt und ihn mir ein zweites Mal geschenkt hat.

Einige Tage später erkenne ich, dass es noch jemanden gibt, dem ich dankbar sein darf. Denn als Wolle hört, wie ein Auto in unserer Nähe scharf abbremst, zuckt er bei dem quietschenden Geräusch spürbar zusammen.

Mir wird klar, dass er auf seinem Heimweg etwas erlebt haben muss, von dem ich nichts weiß. Es hat etwas mit quietschenden Bremsen zu tun … Und ich bitte Gott, den Autofahrer zu segnen, der unseren kleinen Hund im letzten Moment gesehen und für ihn angehalten hat.

Nein, es hat deswegen keinen Auffahrunfall gegeben...an diesem Tag ist in unserer Stadt kein
Verkehrsunfall passiert. Ich weiß es genau, denn
ich habe mich bei der örtlichen Polizeidienststelle
erkundigt.

Ich will euch nicht als Waisen zurücklassen;
ich komme zu euch.

Johannes 14,18 (L)

Niemals allein

Langsam biege ich mit meinem kleinen schwarzen
Twingo in die Einfahrt zum Krankenhausparkhaus
ein. Es ist Dezember, wenige Tage vor Weihnach-
ten. Dieser winterliche Besuch bei meiner Mutter in
Detmold war nicht geplant. In der Regel suchen wir
uns für unsere gegenseitigen Besuche in Lipperland
und Pfalz angenehmere Jahreszeiten aus. Aber als
ich vor einer Woche die Nachricht bekam, dass eine
zu spät entdeckte Krankheit bei meiner Mutter eine
sofortige Operation erforderlich macht, habe ich
umgehend das Nötigste eingepackt, meinen kleinen Hund geschnappt und mich ins Auto gesetzt.

Nachdem ich ein Parkticket gezogen und in einem der oberen Stockwerke einen Parkplatz gefunden habe, steige ich aus und gehe um den Wagen
herum. Hinten im Heckkofferraum, der nur durch
ein Gitter vom Fahrgastraum abgetrennt ist, sitzt

Wolle in seiner grünen Transportbox. Ich ziehe den Reißverschluss ein Stückchen auf, und mein Spitzchen möchte heraus. Er will spazieren gehen und versucht sich aufgeregt an meiner Hand vorbeizudrängeln. Behutsam halte ich ihn zurück, streichle das seidige Köpfchen und spreche beruhigend auf ihn ein. »Du kannst nicht mit, mein Kleiner. Ich gehe jetzt zu meiner Mutter ins Krankenhaus – da dürfen Hunde nicht hinein. Aber ich bleibe nicht lange, in spätestens einer Stunde bin ich wieder da.« Das versteht er natürlich nicht. Ich versuche es mit einfacheren Worten. »Ich komme *wieder*!«, sage ich beschwörend. »Frauchen kommt *bald wieder*. Wolle muss *bleiben*. Ganz brav!« Er legt das Köpfchen schief und hält die schwarzen Knopfaugen auf mich gerichtet. »Ich komme *wieder*!«, versichere ich ihm noch einmal und rücke die kleine Wärmflasche, die ich unter seine Decke gelegt habe, ein bisschen zurecht. Draußen herrschen Minustemperaturen, und das offene Parkhaus bietet nicht viel Schutz vor der Kälte ... Ich ziehe den Reißverschluss wieder zu, schließe die Heckklappe und wende mich Richtung Krankenhaus. Nach ein paar Metern bleibe ich stehen und drehe mich um. Sieht man dem

Wagen etwa an, dass sich darin ein junger Hund befindet? Ich muss ein bisschen den Kopf schütteln über meine eigene Besorgnis. Sicher, an der Wand des Parkdecks hängt ein Schild mit der Aufschrift:»Keine Wertsachen im Fahrzeug lassen!« Aber würde wirklich jemand einen Wagen aufbrechen, um einen kleinen Hund zu stehlen? Immerhin habe ich so geparkt, dass der Kofferraum zur Wand steht, sodass man die grüne Box darin von vorn gar nicht sieht. Und den Hund in der Box erst recht nicht …

Auf einmal bekomme ich Zweifel, ob ich überhaupt abgeschlossen habe. Ich gehe ein paar Schritte zurück und drücke auf den Funkschlüssel. Die Verriegelung springt auf und nach einem zweiten Druck wieder zu. Immer noch bleibe ich unschlüssig stehen. Soll ich den Kleinen wirklich hier im Parkhaus zurücklassen? Ich überlege noch einmal. Allein im Haus meiner Mutter konnte ich ihn noch weniger lassen. Das ist so groß und fremd für ihn. Das Auto und seine kleine Box kennt er. Gott möchte bestimmt, dass ich jetzt zu meiner Mutter gehe. Darum bin ich ja überhaupt hierhergekommen. Ich will meine Mutter unbedingt sehen, sie in die Arme nehmen, mich mit eigenen Augen davon überzeugen, dass sie die Operation gut überstanden hat.

Ich bitte meinen himmlischen Vater, meinen kleinen Hund zu beschützen, und kann nun endlich leichten Herzens gehen.

Als ich ins Krankenzimmer trete, liegt meine Mutter mit geschlossenen Augen in ihrem Bett. Daneben steht ein Ständer mit einer Infusionsflasche. Die zarte, kleine Gestalt, das blasse Gesicht, die schmalen, reglos daliegenden Hände, die so viele Jahre lang so viel Liebes für mich getan haben ... Plötzlich spüre ich einen dicken Kloß in meinem Hals. Dann schlägt sie die Augen auf und schaut mich mit wachem, lebendigem Blick an. Wir nehmen uns in die Arme und halten uns ganz fest. Ihre Stimme ist noch schwach und heiser, aber – ja, sie hat es geschafft. Alles ist gut verlaufen. Die Ärzte sind zufrieden. Es wird alles wieder gut.

Dankbar und glücklich stehe ich eine knappe Stunde später wieder vor meinem Auto. Es ist alles gut gegangen. Der Kleine drückt die schwarze Nase ans Gitter seiner Schlafbox, winselt mir aufgeregt entgegen, aber es ist alles in Ordnung mit ihm.

Er bekommt ein dickes Lob und ein extra feines Leckerchen.

Während der Rückfahrt muss ich unwillkürlich eine Parallele ziehen zwischen Wolles Situation gerade auf dem Parkdeck und dem, was ich manchmal mit Gott erlebe. Bestimmt hat Wolle sich verlassen gefühlt – trotz meiner Zusicherung, ich würde bald zurückkommen. Dabei habe ich ihn nie vergessen; ich habe die ganze Zeit über an ihn gedacht, habe für seine Sicherheit gesorgt und bin nur so lange weggeblieben, wie ich es nach bestem Wissen und Gewissen verantworten konnte. *Ja*, denke ich, *wenn ich schon so besorgt bin um meinen kleinen Hund – wie viel mehr wird mein himmlischer Vater, der die Liebe und Fürsorge in Person ist, für mich sorgen und an mich denken!* Auch wenn ich in meinem Leben durch Zeiten gehe, in denen ich mich ganz allein und verlassen fühle und seine Liebe und Gegenwart nicht spüre, darf ich sicher sein: Ich bin in seinem Herzen, und er denkt an mich! Selbst wenn ich manchmal das Gefühl habe, dass Gott ganz weit weg ist – er ist mir immer nah! Und eines Tages – vielleicht schon bald! – wird er es mir wieder deutlich zeigen.

Liebe und Treue sind unzertrennlich.

Christine von Schweden

Geliebt und unvergessen

Als meine Mutter aus dem Krankenhaus entlassen wird, ist sie noch sehr schwach. Aber es wartet eine Aufgabe auf sie: ihre 16-jährige Jack-Russel-Hündin *Kessi*, die ich in ihrer Abwesenheit, so gut es ging, betreut habe. Es ist schwer mit ihr: Sie ist dement und läuft stundenlang rastlos im Kreis herum. Manchmal, wenn wir nicht aufpassen, stößt sie sich den Kopf an oder bleibt in einer Zimmerecke stecken, aus der sie nicht mehr herausfindet. Manche Freunde und Bekannte meiner Mutter raten ihr, Kessi einschläfern zu lassen. Die taube, beinah völlig erblindete Hündin sei doch nur noch eine Belastung.

Aber meine Mutter will davon nichts hören. Sie hebt sie zu sich aufs Sofa, streichelt das dünn gewordene Fell, schmiegt ihr Gesicht an das magere Hälschen. Der kleine Hundekörper entspannt sich, die zitternden Pfoten kommen zur Ruhe. Die Hündin

72

stößt einen tiefen Seufzer aus – ja, so ist es gut. Kessi mag nichts mehr sehen und hören, aber sie spürt die warmen Hände, die sanft über ihren knochigen Rücken streichen. Sie genießt die Zuwendung, die meine Mutter ihr schenkt.

Und sie genießt ihr Essen. Ja, sie stolpert manchmal über ihr Schälchen, wirft das Futter um, leckt es ungeschickt vom Boden auf. Tritt in ihre Wasserschüssel und verteilt nasse Flecken in der Wohnung.

»Sie hat mir so viel Freude gemacht in ihrem Leben«, sagt meine Mutter. »Sie war mir eine treue Kameradin. Sie hat mir ihre Liebe geschenkt. Nun will ich für sie da sein und ihr Gutes tun, solange ich kann.«

Ich verstehe meine Mutter. Wir beten, dass ihr die Entscheidung abgenommen wird. Dass Kessi friedlich einschläft, in ihren Armen. So wie unsere Elsa. Gott kann das doch tun, oder?

Aber er tut es nicht.

Eines Tages ruft meine Mutter mich an. Mit Tränen in der Stimme, aber gefasst.

»Gestern habe ich Kessi einschläfern lassen. Ich habe gespürt, dass sie nicht mehr leben wollte. Sie hat nichts mehr gefressen. Ich hatte den Eindruck, dass sie Schmerzen bekommen hat. Sie war so rast-los, so gequält. Ich habe die Tierärztin angerufen, und sie ist zu mir nach Hause gekommen. Kessi ist friedlich eingeschlafen, und ich habe sie die ganze Zeit gestreichelt. Die Ärztin ist noch eine Weile neben mir sitzen geblieben und hat mich im Arm gehalten.«

Ich bin so stolz auf meine Mutter. Sie hat sich nicht dreinreden lassen. Bis zum letzten Tag hat sie über Kessis Schicksal gewacht. Ihr kleiner Hund war bei ihr in guten Händen.

Auch durch Kessi hat Gott mir etwas Wichtiges gezeigt. Früher habe ich mich oft gefragt: Was ist eigentlich, wenn wir einmal eine Krankheit bekommen, die unser Gehirn zerstört? Wenn wir vielleicht nicht mehr wissen, wer wir sind, unsere Angehörigen nicht mehr erkennen, vielleicht alles vergessen haben, was wir einmal geglaubt haben? Kennt Gott uns noch, auch wenn *wir* ihn nicht mehr kennen?

Heute weiß ich die Antwort. Für meine Mutter ist Kessi immer *ihr* Hund geblieben. Auch als Kessi sich in dieser Welt nicht mehr orientieren konnte und vielleicht auch nicht mehr wusste, wo sie hingehörte. Meine Mutter hat die Treue, die die Hündin ihr während ihres Lebens erwiesen hat, nicht vergessen. *Wie viel mehr* – wieder einmal denke ich diese Worte – *wie viel mehr* wird Gott uns in seinem Herzen behalten. Er wird uns nicht verloren gehen lassen, selbst wenn wir einmal eine Krankheit bekommen, die uns alles vergessen lässt, was wir einmal gewusst haben. *Er* wird uns niemals vergessen.

Gott ist die Freude.
Deshalb hat er die Sonne vor sein Haus gestellt.

Franz von Assisi

Übersprudelnde Freude

Bingo! Meine Kleinanzeige mit dem Wortlaut »Freundlicher kleiner Hund mit eigenem Garten sucht Spielkameraden zum gemeinsamen Toben und Gassigehen« hat Erfolg gehabt. Die sympathische Stimme am anderen Ende der Telefonleitung nennt mir eine Adresse im Nachbarort und liefert auch gleich noch eine genaue Wegbeschreibung. Zum vereinbarten Termin stehe ich mit Wolle vor der Haustür. Auf unser Klingeln bitten uns eine Frau in meinem Alter und deren Tochter in ihre Wohnung, in der uns eine allerliebste, aufgeregt schnaufende Mops-Dame namens *Lucy* erwartet. Nach einem kurzen Gespräch, bei dem Wolle und Lucy bereits begeistert über die Möbel turnen, um die Gummibäume herum Fangen spielen und sich gegenseitig Lucys Lieblingsspielzeug abjagen, begeben wir uns in den geräumigen Garten und schauen glücklich zu, wie unsere Vierbeiner miteinander toben. Sie jagen sich um die Gemüsebeete herum, raufen spielerisch miteinander, packen sich gegenseitig an ihren kurzen Schwänzen und wirbeln umeinander herum. Zwischendurch kommen sie immer wieder zu uns gestürmt, als wollten sie sich dafür bedanken, dass wir ihnen diese tolle Spielstunde ermöglicht haben.

Auf den schönen Nachmittag folgen noch viele andere, an denen wir uns gegenseitig besuchen. Lucys Familie ist in beinah jeder Hinsicht ganz anders als wir, aber unser gemeinsamer Wunsch, unseren Hunden Freude zu machen, schafft eine Verbindung, die alle Unterschiede überbrückt.

Es macht mich so froh, Wolle glücklich zu sehen. Ich sammle Bücher darüber, was ein Hund braucht, um ein zufriedenes, erfülltes Leben zu führen. Zuerst einmal sind da natürlich die Grundbedürfnisse nach Nahrung, einem Zuhause und liebevoller Zuwendung. Auch die gesundheitliche Versorgung ist wichtig – die erforderlichen Impfungen zur Krankheitsvorbeugung, medizinische Hilfe bei kleinen oder größeren Notfällen, Schutz vor Zecken und Flöhen … Und dann die regelmäßige Fellpflege, die unser Kleiner, nach anfänglichem Protest, inzwischen so genießt wie eine ausgedehnte Wellness-Behandlung. Aber es gibt noch mehr: Ich lese, dass Hunde neben genügend Bewegung auch Aufgaben brauchen, die ihren Verstand herausfordern und an denen sie wachsen können. Dass sie neue Dinge lernen wollen und aufblühen, wenn sie zeigen dürfen, was sie können.

Ich versuche, zumindest einiges davon umzusetzen. Ich besuche einen Erziehungskurs, mache zu Hause kleine Übungen wie »Durch!« (unter einer Stuhlreihe durchkriechen) oder »Such!« (im Zimmer versteckte Futterstückchen finden) und kaufe das eine oder andere Intelligenzspielzeug.

Irgendwann, als ich mir wieder einmal überlege, womit ich Wolle etwas Gutes tun könnte, muss ich an meinen himmlischen Vater denken. Wenn schon ich mich als Mensch mit meinen begrenzten Möglichkeiten so bemühe, dass mein kleiner Hund alles hat, was er zu einem glücklichen, erfüllten Leben braucht – wie viel mehr wird Gott dann daran liegen, dasselbe für mich zu tun! Jesus sagt ja selbst, dass er gekommen ist, um uns »das Leben in ganzer Fülle« zu schenken (Johannes 10,10).

Ich nehme mir vor, in meinem Alltag mehr darauf zu achten, was Jesus für mich tun möchte. Die kleinen Zeichen der Liebe zu erkennen, die er mir gibt. Die materielle und emotionale Versorgung, die er mir angedeihen lässt. Die Freunde, die er mir zur Seite stellt. Und die Aufgaben, die er mir gibt und an denen ich wachsen darf.

Was du in anderen entzünden willst,
muss in dir selbst brennen.

Augustinus

Ansteckende Begeisterung

Wolle hat noch einen Freund gefunden. Benno, ein Malinois-Schäferhund-Mischling, ist ganz vernarrt in unseren »Halbstarken«. Da Wolle seine Zuneigung erwidert, verabrede ich mich mit seinem Frauchen Christine regelmäßig zum gemeinsamen Gassigehen.

Heute ist ein heißer Tag, und wir fahren zum Baggersee, damit die Hunde sich ein bisschen abkühlen können.

Benno ist ein leidenschaftlicher Schwimmer. Sobald er den See sieht, gibt es kein Halten mehr. Begeistert stürzt er sich hinein und tummelt sich im kühlen Nass. Wolle sieht staunend zu. Er taucht die Pfoten ins Wasser, trinkt ein paar Schlucke und beobachtet seinen Freund.

Der kommt nun wieder ans Ufer, schüttelt sich so ausgiebig, dass auch wir eine kostenlose Dusche abbekommen, und hüpft dann aufgeregt um Christine herum. Sie weiß, was er jetzt möchte, und bückt sich nach einem Stock. Nach ein paar Täuschungsmanövern, die Benno mit fieberhaftem Bellen begleitet, holt sie aus und schleudert den Stock so weit sie kann in den See hinaus. Begeistert springt Benno ins Wasser und schwimmt mit kräftigen Zügen hinterher. Mit leuchtenden Augen bringt er den Holzstock zurück, und das Spiel beginnt von vorn. Wieder vollzieht Christine ein paar Täuschungsmanöver, wieder springt Benno mit heiserem Gebell um sie herum, wieder fliegt der Stock ins Wasser, und Benno stürzt hinterher.

Wolle hat die ganze Zeit wie gebannt zugeschaut. Als Christine den Stock zum dritten Mal in der Hand hält, ist der Funke übergesprungen. Bennos Begeisterung hat sich auf Wolle übertragen, und mein kleiner Spitz hat begriffen: Das ist ein wunderbares Spiel. Nun beginnt auch er zu bellen und erwartungsvoll um Christine herumzuspringen. Als sie den Stock ins Wasser wirft, springt er, ohne einen Moment zu zögern, gemeinsam mit Benno hinterher.

Natürlich ist der kräftige Rüde schneller, und so geht Christine dazu über, von nun an ein zweites, kleineres Stöckchen für Wolle zu werfen, sobald Benno in den See hinausschwimmt, um »seinen« Stock zu holen.

Die Hunde gehen so in diesem herrlichen Spiel auf, dass sie endlos damit weitermachen möchten. Sie sind ein wenig enttäuscht, als wir es nach einiger Zeit abbrechen, um unseren Spaziergang fortzusetzen. Aber wir haben ja noch andere Verpflichtungen und müssen irgendwann wieder nach Hause…

Jedenfalls ist Wolle seit diesem Erlebnis ein begeisterter Wasserfreund. Ob mit Stöckchenspiel oder ohne – von nun an liebt er alle Seen, Bäche und Flüsse und lässt keine Gelegenheit aus, um ein paar Runden zu schwimmen. Wenn ich ihn dabei beobachte, fasziniert mich besonders der Moment, wenn er beim Hineingehen ins Wasser den Boden unter den Füßen verliert. Ich sehe dann förmlich, wie er sich an einem bestimmten Punkt ganz bewusst dem neuen Element überlässt und auf die Fortbewegungsart »Aquajogging« umschaltet.

Auch in diesem kleinen Erlebnis entdecke ich wieder eine Parallele zu meinem Glauben: Wahrscheinlich hätten irgendwelche theoretischen Informationen darüber, dass Schwimmen Freude macht, dass das Wasser trägt und die Abkühlung dem Körper guttut, Wolle kaum dazu gebracht, in den See zu springen. Aber so unmittelbar das Vorbild seines großen Freundes vor Augen zu haben, seine Freude zu sehen und seine Begeisterung nachzuempfinden, hat den Funken überspringen lassen und dazu geführt, dass Wolle nun ein ebenso begeisterter Schwimmer wie Benno geworden ist. Ich denke, in ähnlicher Weise kann auch der Glaube ansteckend wirken: Das lebendige Zeugnis eines Menschen, die Liebe, mit der er über seinen Gott spricht, die Begeisterung, mit der er seine Glaubenserfahrungen schildert, und das praktische Vorleben seines Glaubens im Alltag, können manchmal entscheidend dazu beitragen, dass der Funke überspringt – dass ein anderer den Mut findet, sich auf das Wagnis des Glaubens einzulassen und so eines Tages selbst die Erfahrung machen kann, dass das Wasser trägt.

Man sieht nur mit dem Herzen gut,
das Wesentliche ist für die Augen unsichtbar.

Antoine de Saint-Exupéry

Doppelt erwählt

Auf einer Hundeausstellung lerne ich Anita kennen, eine erfahrene Spitzzüchterin aus Baden-Würt-
temberg. Wir sind uns sympathisch, und sie lädt
mich spontan ein, sie zu besuchen. Einige Wochen
später, mache ich mich mit Wolle auf den Weg. Als
ich in der kleinen Ortschaft angekommen bin und
Anitas Grundstück gefunden habe, werden wir
von einem guten Dutzend lebhafter Spitze begrüßt.
Fröhlich bellend erwarten sie uns am Gartentor,
rennen aufgeregt hin und her und hüpfen am Zaun
hoch. Anita lässt uns herein, und Wolle mischt
sich begeistert unter seine Artgenossen. Auch ich
knie mich erst einmal inmitten des Hunderudels
ins Gras. Ich möchte den Hunden die Gelegenheit
geben, mich auf Augenhöhe kennenzulernen. Ich
sage ihnen freundlich Hallo, lasse sie an meinen
Händen schnuppern und verteile ein paar Lecker-

chen. Kaum habe ich mich auf dem Boden niedergelassen, springt eine orange gescheckte Hündin
auf meinen Schoß und schaut mich erwartungsvoll an. Automatisch beginne ich, sie zu streicheln.
»*Fritzi* sucht einen guten neuen Platz«, klärt Anita
mich auf, und ohne einen Augenblick nachzudenken, antworte ich: »Ich glaube, den hat sie gerade
gefunden.« Im selben Moment wundere ich mich
über das, was ich da eben gesagt habe. Ja, ich habe
in den letzten Wochen tatsächlich ein bisschen
mit dem Gedanken gespielt, einen zweiten Hund
anzuschaffen, und habe die Internetseiten mit den
Notfall-Spitzen mit besonderem Interesse studiert.
Aber ich habe mit niemandem darüber geredet,
und es war nur ein Gedanke, kein konkreter Plan.
Ich kann mir auch kaum vorstellen, dass Gerhard
mit einem zweiten Hund einverstanden wäre …

Jedenfalls behalte ich die kleine Hündin mit dem
klugen Fuchsgesicht nun im Auge. Während wir im
Garten Kaffee trinken, erklärt Anita mir, dass sie
die einjährige Fritzi abgeben möchte, weil sie allzu gern, zusammen mit ihrer Halbschwester, die
ebenfalls in Anitas Rudel lebt, irgendwelchen Schabernack ausheckt. Die beiden sind ein richtig gutes

Team, wenn es darum geht, etwas anzustellen. Doch dadurch sind sie auch eine potenzielle Gefahr für das restliche Rudel.

Es gab schon einige Interessenten, aber Anita hat sich noch nicht entscheiden können. *Ob Fritzi vielleicht auf mich gewartet hat?*, fragt eine leise Stimme in meinem Innern.

Wir fahren mit allen zwölf Spitzen hinaus auf die Alb und machen einen ausgedehnten Spaziergang. Wolle ist begeistert davon, mit den anderen im Rudel zu laufen. Ich könnte mir vorstellen, dass es ihm gefallen würde, mit einem Artgenossen zusammenzuleben. Ob es wirklich möglich wäre, noch einen zweiten Hund zu holen?

Nachdem ich auch Anitas süße Welpen bewundert habe, die gerade mal vier Wochen alt sind, will ich mich verabschieden. Genau in diesem Moment kommt Fritzi noch einmal zu mir gelaufen. Sie schmiegt ihren kleinen Körper an mein Knie, und als ich mich zu ihr hinunterbeuge, hebt sie den Kopf und schaut mich mit ihren großen, dunklen Augen an, als wollte sie mir etwas Wichtiges sagen. *Kommst du wieder und holst mich?*, scheint sie mich zu fragen. Und während ich ihr weiches Nackenfell kraule, gebe ich ihr das stumme Versprechen: *Hab ein biss-chen Geduld. Ich schaue, was ich tun kann.*

Als wir wieder zu Hause sind, erzähle ich Gerhard mit ein wenig Herzklopfen von meiner Begegnung mit Fritzi. Zu meiner Überraschung ist er erstaunlich offen für den Gedanken, einen zweiten Hund anzuschaffen. Er ist so angetan von Wolle, dass ihm die Vorstellung, eine kleine Spitzin als Kameradin für ihn dazuzukaufen, gar nicht so abwegig erscheint. Selbst Ehemann aus Überzeugung, meint er augenzwinkernd: »Das wäre ja auch sehr biblisch: *Es ist nicht gut, dass der Hund allein sei.*«

Trotzdem beten wir einige Wochen, denken darüber nach, was sich für uns ändern würde, welche Schwierigkeiten es geben könnte und wie wir mit ihnen umgehen würden. Immer wieder telefonieren wir mit Anita, um alle möglichen Probleme im Vorfeld abzuklären.

Die erfahrene Züchterin hat viel Geduld. Schließlich einigen wir uns auf einen Übergabetermin, vereinbaren jedoch, dass Fritzi wieder zu ihr zurückdarf, falls sie sich bei uns nicht wohlfühlt oder es sich herausstellt, dass wir einem zweiten Hund nicht gewachsen sind. Oder – der unwahrscheinlichste Fall von allen – dass Wolle und Fritzi sich nicht verstehen.

Endlich ist es so weit – Wolle und ich fahren Fritzi abholen. Auf dem Rückweg im Auto ist die kleine Hündin sehr unruhig und aufgeregt, richtet sich immer wieder am Rückfenster auf, schaut hinaus und versucht zu begreifen, was da mit ihr geschieht. Es ist längst dunkel, als wir nach Hause kommen, aber Gerhard ist wach geblieben. Wir sitzen noch eine ganze Weile im Wohnzimmer, sprechen leise auf Fritzi ein, streicheln und füttern sie. Fritzi ist noch etwas verwirrt, aber Wolles Nähe scheint sie zu beruhigen und ihr Sicherheit zu geben. Bald kommt sie mit hinauf ins Schlafzimmer und legt sich ganz selbstverständlich in Wolles Hundebett, das er ihr als geborener Gentleman kommentarlos überlässt.

Fritzi gewöhnt sich schnell an ihre neue Familie und fühlt sich offensichtlich wohl. Die Hunde verstehen sich prima. Sie so einträchtig miteinander spielen und toben zu sehen, sie gemeinsam zu füttern, gemeinsam zu bürsten, gemeinsam mit ihnen zu laufen, macht auch uns viel Freude. Und wir empfinden es als puren Luxus, dass nun jeder von uns beim abendlichen Fernsehfilm einen »eigenen« Hund zum Streicheln hat.

Wenn ich heute darüber nachdenke, wie Fritzi zu uns gekommen ist, steht mir jener Satz vor Augen, den Jesus einmal zu seinen Jüngern gesagt hat: »Nicht ihr habt mich erwählt, ich habe euch erwählt.« Ich glaube, Jesus will damit nicht sagen, dass die Jünger keinen freien Willen gehabt und sich nicht selbst dafür entschieden hätten, ihm nachzufolgen – das würde dem Gesamtkontext der Bibel widersprechen. Sondern er will ihren Blick darauf lenken, dass *er* sich schon für sie entschieden hatte, als sie noch gar nichts davon wussten. Anders als wir bei unserer Entscheidung für Fritzi, hat Jesus jedoch keinen Augenblick gezögert, uns in seine Familie aufzunehmen. Sein Ja zu uns stand schon fest, lange bevor wir von seinem Angebot erfahren und Ja zu ihm gesagt haben.

Leg mich wie ein Siegelring an dein Herz,
wie einen Siegelring um deinen Arm.

Hoheslied 8,6

Neue Visitenkarten

Mein Vorrat an Visitenkarten neigt sich dem Ende zu. Da ich sowieso vor Kurzem eine andere Handynummer bekommen habe, nehme ich das zum Anlass, mir neue Visitenkarten zu bestellen. Ja, natürlich im Internet. Ich finde einen interessanten Anbieter, der die Option anbietet, ein eigenes Foto als Hintergrundbild für die aufzudruckenden Kontaktdaten zu wählen.

Ich klicke mich durch den Ordner, in dem ich meine Spitzbilder gespeichert habe, und bald ist meine Wahl getroffen: Ein wunderschönes Foto, das Wolle und Fritzi auf einem gefällten Baumstamm zeigt. Stolz haben sie sich darauf positioniert, um ein Leckerchen für ihr kleines Kunststück zu empfangen. Ihr schwarz-weiß und braun-weiß geflecktes Fell, ihre leuchtenden Augen und ihre fröhlichen Spitzgesichter kommen darauf prächtig zur

Geltung. Durch das grüne Strauchwerk im Hintergrund fallen zarte Sonnenstrahlen, die Blätter und Hunde mit hellen Lichttupfern versehen. Ein wunderschönes Bild. Ich lade es hoch und füge meine Kontaktdaten hinzu, die darauf gedruckt werden sollen. Zum Schluss wähle ich die passende Schriftart und -farbe aus, gebe meine Kontodaten für den Bankeinzug an und schicke den Auftrag ab.

Als ich nach einigen Tagen die bestellten Visitenkarten in Händen halte, bin ich begeistert. Name, Anschrift, Telefonnummern und E-Mail-Adresse prangen auf einem wunderschönen Foto meiner beiden Spitze, die fröhlich in die Kamera »lachen«. Die Hunde und ich auf einem kleinen Stückchen Papier miteinander verbunden …

Auf einmal wird mir bewusst, wie sehr ich mich mit den beiden identifiziere. Das bin ich, das ist meine Identität – ich bin Martina, die Besitzerin dieser wunderbaren Hunde.

Plötzlich muss ich an einen Satz denken, den ich vor Kurzem in einer Fernsehpredigt gehört habe: »Wenn Gott einen Schreibtisch hätte, würde dein Foto darauf stehen.« Als ich das gehört habe, fand ich es noch ein bisschen übertrieben. Aber jetzt denke ich: *ja, der Mann hat recht.* Ebenso wie ich mich anderen Menschen durch meine Visitenkarten als »die Frau mit den Spitzen« vorstelle, macht es Gott, als er sich Mose vorstellt: Als er ihm im Dornbusch begegnet, bezeichnet er sich selbst als den Gott Abrahams, Isaaks und Jakobs. Er identifiziert sich mit der Rolle, die er im Leben dieser Männer gespielt hat – seine Identität ist, der Gott Abrahams, Isaaks und Jakobs zu sein.

Der Gedanke, dass Gott ebenso stolz auf mich ist wie ich auf meine Hunde, berührt mich und macht mich froh. Und auf einmal kann ich es glauben: *Wenn Gott einen Schreibtisch hätte, würde mein Foto darauf stehen.*

Rufe mich an in der Not,
so will ich dich erretten und
du sollst mich preisen.

Psalm 50,15 (L)

Baden gegangen

Heute Morgen machen wir nur einen kleinen Spaziergang, denn ich habe nachher einen Arzttermin und muss rechtzeitig los. Ein kurzer Weg um den nahe gelegenen Schwanenweiher muss genügen – Hauptsache, die Hunde können sich nach der Nachtruhe ein wenig die Beine vertreten und ihre wichtigsten »Geschäfte« erledigen. Natürlich habe ich, wie bei jedem Spaziergang, ein paar braune Tütchen dabei, um die unvermeidlichen Hinterlassenschaften meiner Vierbeiner unauffällig zu entsorgen. Ich weiß es wirklich zu schätzen, dass seit einiger Zeit an verschiedenen Stellen in der Stadt diese Tütchenspender aufgestellt sind. Die selbst gekauften Tütchen aus dem Schnäppchenmarkt haben sich als ziemlich dünnhäutig erwiesen; und die durchsichtigen Frühstücksbeutel, die ich dann stattdessen verwendet habe, kommen mir irgendwie so indiskret vor …

Als das erste Hundehäufchen am Wegrand im Gras landet, zücke ich ein Tütchen und nehme mit geübtem Griff das Geschäftchen vom Boden auf. Nachdem ich den kleinen Plastikbeutel fachgerecht zugeknotet habe, sehe ich mich nach dem nächsten Mülleimer um. Nicht ohne eine gewisse Genugtuung darüber zu empfinden, wie vorbildlich ich mich wieder einmal verhalte, steuere ich darauf zu. Plötzlich fängt Fritzi an zu bellen – ich wende den Kopf. Ah, auf der anderen Seite des Weihers hat sie *Tia* entdeckt, eine kleine, rehbraune Hündin, die mit ihrem Frauchen schon bei uns zu Besuch war. Ich winke Tias Frauchen zu, und während ich die letzten Meter zum Mülleimer zurücklege, um mein Tütchen zu entsorgen, trete ich unvermittelt in etwas Weiches. Ein Blick nach unten verschafft mir Gewissheit – da hat sich ein anderer Hund erleichtert, dessen Besitzer mit dem Tütchenprinzip wohl noch nicht so ganz vertraut ist. Vielleicht hält er (oder sie?) auch nicht so viel davon. Oder wollte sich nicht die Mühe machen. Oder hatte keins dabei. Jedenfalls habe ich jetzt einen völlig verklebten linken Schuh und denke: *Womit habe ich das verdient?* Ausgerechnet jetzt, als ich brav dabei bin, Wolles kleines, harmloses Häufchen zu entsorgen, stolpere ich in diese Tretmine hinein, die der Größe nach mindestens von einem Bernhardiner stammen muss.

Nun ja, denke ich, *zu Hause gibt es Wasser.* Und wie hat unser Deutschlehrer in der Unterstufe schon gesagt? Humor ist, wenn man trotzdem lacht…

Die kleine Tia kommt um den Teich herumgelaufen – offensichtlich möchte sie uns begrüßen und Wolle und Fritzi zu einem Spielchen auffordern. Also lasse ich meine beiden Spitze auch von der Leine. Ich weiß zwar, dass das hier nicht wirklich gern gesehen wird – aber nach dem Erlebnis mit der Tretmine, hat meine Motivation, mich vorbildlich zu verhalten, ein bisschen gelitten… Wolle schlägt sich erst einmal ins nächste Gebüsch – das interessiert ihn wohl mehr als die kleine Hündin. Fritzi jedoch stürmt begeistert los. Aber statt zu Tia zu laufen, saust sie bellend auf die Enten zu, die am Teichufer sitzen. In einem Schwung hat sie sie vom Ufer in den Teich gefegt, dreht ein paar Runden durch den Park und genießt ihren Triumph. Aber kaum ist sie wieder bei mir angekommen, stellt sie fest, dass die Enten schon wieder am Ufer hocken. Aufgeputscht von ihrem eigenen Adrenalinspiegel, flitzt sie ein zweites Mal auf sie los – mit noch lauterem Gebell, mit noch mehr Anlauf... doch diesmal kann sie nicht mehr rechtzeitig bremsen. Sie segelt den Enten hinterher ins Wasser und taucht komplett unter. Das Ufer ist an dieser Stelle mit Steinquadern eingefasst und fällt senkrecht ab – da kommt sie allein nicht mehr heraus. Geistesgegenwärtig renne ich zu ihr, packe sie am Nackenfell, und ziehe sie aus dem Teich. Tias Frauchen und ich lachen Tränen, und ich tue mein Bestes, um mein wildes Füchslein zu trösten, das sich von einem Moment zum anderen in eine kleinlaute, nasse Katze verwandelt hat.

Während wir nach Hause gehen, fällt mir die Geschichte ein, als Petrus übers Wasser ging, dann aber plötzlich Angst bekam und zu versinken begann. Ich habe schon viele Predigten darüber gehört, die ganz unterschiedliche Schwerpunkte gesetzt haben. Heute wird mir besonders ein Aspekt wichtig: Ich glaube, ebenso wie ich selbst zum Teich gelaufen bin und Fritzi herausgezogen habe, ohne einen Moment zu zögern, stellt auch Gott keine langen Überlegungen an, wenn wir in eine Notlage geraten sind. Er ist sofort bereit, die Hand auszustrecken und uns zu retten – auch dann, wenn wir uns selbst in diese missliche Situation gebracht haben. Er wird uns helfen, sobald wir ihn darum bitten.

Ja, er tut sogar noch mehr: Wenn wir es zulassen und auf seine Stimme hören, wird er uns in Zukunft auch gern davor bewahren, erneut »baden zu gehen«.

Was du liebst, lass frei.
Kommt es zurück,
gehört es dir – für immer.

Konfuzius

Der Preis der Freiheit

Es ist ein freundlicher, sonniger Herbsttag, und ich beschließe, den Morgenspaziergang im Naherholungsgebiet am Baggersee zu machen. Wir sind früh wach geworden – es ist erst sieben Uhr, als ich mit Wolle und Fritzi auf dem Parkplatz am See eintreffe. Auf der Liegewiese ist es noch ganz still. Nur die Enten schnattern leise, und auf den langen Grashalmen glitzern blanke Tautropfen. Ich sehe weit und breit keinen Spaziergänger, Angler oder Jogger und denke, das ist eine gute Gelegenheit, meine Spitze ein bisschen frei laufen zu lassen. Es tut ihnen so gut, wenn sie sich ab und zu einmal richtig austoben können.

Also lasse ich meine beiden Racker, nachdem ich mich gründlich umgesehen und keine potenzielle Gefahr entdeckt habe, mutig von der Leine.

Die Freude, die die beiden miteinander haben, die ausgelassenen Fangspiele, das begeisterte Graben in Maulwurfshügeln, das wilde Herumtoben im gestreckten Galopp, das Leuchten in ihren fröhlichen, glänzenden Augen, der freudige Gehorsam, mit dem sie bei jedem Zuruf wieder zu mir zurückkommen, um sich ihr Belohnungsleckerchen abzuholen – all dies gibt mir das Gefühl, dass ich es richtig gemacht habe, ihnen die Gelegenheit zum Freilauf zu geben.

Als wir den See beinah umrundet haben, treffen wir einen Bekannten, der ebenfalls mit seinem Hund unterwegs ist, einem freundlichen, weißen Bichon Frisé. Der kleine *Billy* versteht sich prima mit meinen Spitzen, und so setzen wir unseren Spaziergang gemeinsam fort. Michael und ich haben uns lange nicht gesehen und unterhalten uns angeregt. Dabei lassen wir die Hunde einen Moment aus den Augen … und schon ist es geschehen: Während Fritzi und Billy fröhlich miteinander herumtollen, ist Wolle plötzlich verschwunden. Wir bleiben stehen, halten Ausschau, locken, rufen und pfeifen – von Wolle keine Spur. Ich inspiziere den Vorplatz der Gastwirtschaft am See, gehe auf den dahinterliegenden Campingplatz und entdecke ein kleines rotes Auto mit angelehnter Fahrertür. Sofort ahne ich Schlimmes. Ist Wolle etwa, wie er es schon manchmal gemacht hat, in das fremde Auto gesprungen, um zu schauen, ob es dort etwas Gutes zu holen gibt? Als ich auf den Wagen zugehe, erkenne ich ein ausländisches Kennzeichen. Das macht die Sache nicht unbedingt einfacher. Ein wenig unsicher trete ich auf einen Mann zu, der gerade aus dem neben dem Pkw geparkten Wohnwagen tritt. »Haben Sie vielleicht einen kleinen schwarz-weißen Hund gesehen?« Bedauerndes Kopfschütteln und eine in gebrochenem Deutsch vorgebrachte Antwort: »Eben erst aufgestanden … Toilette sauber gemacht … nichts gesehen …« – »Und ihr Kollege im Auto? Mein Hund springt so gern in andere Autos hinein …« – »Ah, ist meine Sohn.« Der Mann öffnet die Pkw-Tür, stellt seinem Sohn eine Frage, die ich, ebenso wie dessen Antwort, nicht verstehe. Erneutes Kopfschütteln. »Keine Hund gesehen. Keine Hund in Auto. Schade. Vielleicht kommen später zurück.« Dazu ein bedauernder Blick aus aufrichtig wirkenden Augen. Trotzdem bin ich plötzlich misstrauisch.

Wenn sie Wolle nun in ihrem Wagen eingesperrt haben, um ihn irgendwo zu verkaufen? Was soll ich nur tun? Kann ich darum bitten, selbst in den Wagen schauen zu dürfen? Nein – bei aller Liebe und Sorge um meinen Hund, das wäre der Gipfel der Unhöflichkeit. Also gehe ich wieder zurück zur Wiese, wo wir Wolle verloren haben und Michael mit den beiden anderen Hunden wartet.

Die ganze Zeit über, seit der Kleine weggelaufen ist, habe ich innerlich gebetet. Nun nehme ich mein Handy und tue, was ich immer tue, wenn ich keinen Rat mehr weiß – ich rufe Gerhard an. Gerade, als ich ihm die Situation schildere und ihn bitte, herzukommen und suchen zu helfen, kommt Wolle angelaufen. Über und über voller Sand, hocherfreut, uns zu sehen – und wenn ich mich nicht völlig täusche, mit einem kleinen Vorwurf im Blick, wo wir so lange gewesen wären … Nun kann ich natürlich nicht schimpfen, das steht in jedem Hundebuch. Schließlich ist er ja zurückgekommen. Also bleibt mir nur, den kleinen Burschen in die Arme zu schließen, ihn zu loben und zu streicheln und ihm zur Belohnung ein Futterstückchen zu geben, weil er letztendlich doch das Richtige getan hat.

Danke, Herr, dass du den Kleinen wohlbehalten zu mir zurückgebracht hast, bete ich im Stillen. Und verstehe durch dieses kleine Abenteuer wieder etwas Neues von Gottes Wesen und Handeln. Mir wird plötzlich klar, warum er uns so viel Freiheit schenkt. Warum er uns einen freien Willen und damit die Möglichkeit gegeben hat, von ihm wegzulaufen und uns gegen ihn zu entscheiden. Er hat es getan, weil er uns so sehr liebt. Weil er sich über unsere Freiheit, unsere Lebendigkeit freut und uns nicht ständig an der Leine führen und gängeln will. Er lässt uns unsere Freiheit, auch wenn sie ihren Preis hat. Denn wir können falsche Entscheidungen treffen, uns selbst oder andere in Gefahr bringen – in letzter Konsequenz sogar unser Leben verspielen.

Ebenso wie ich mit besorgtem, wachsamem Blick auf meine Hundekinder schaue, um sie vor Gefahren zu bewahren, und mir wünsche, dass sie in meiner Nähe bleiben und zu mir kommen, wenn ich sie rufe – so wünscht sich Gott, dass wir unsere inneren Augen auf ihn gerichtet halten und auf seine Stimme hören, wenn er uns vor einer Gefahr warnt und in seine Nähe ruft. Weil er uns lieb hat, wünscht er sich, dass wir bei ihm bleiben und nichts tun, was uns selbst oder anderen schadet. Und wenn wir dann trotzdem einmal von ihm weglaufen, wartet er sehnsüchtig darauf, dass wir zu ihm zurückkommen, damit er uns von Neuem in seine Arme schließen kann.

Seid nachsichtig mit den Fehlern der anderen und
vergebt denen, die euch gekränkt haben.

Kolosser 3,13

Übermächtige Versuchung

Es ist Samstagmorgen, und ich habe schreibtisch-frei. Darum darf der Spaziergang ruhig ein bisschen länger ausfallen, und ich beschließe, meinen Hunden mal wieder eine besondere Freude zu machen: Ich fahre mit ihnen zur Insel Grün, einer ausgedehnten Halbinsel im Rhein, die für den normalen Straßenverkehr gesperrt ist. Hierher kommen viele Hundebesitzer, um ihren Kameraden einen schönen Freilauf-Spaziergang zu ermöglichen.

Sobald ich die Heckklappe geöffnet und »okay« gesagt habe – das Signal, dass sie herausspringen dürfen –, stürmen meine beiden Trabanten den schmalen Asphaltweg entlang, Richtung Hafenbecken. Dabei bieten sie das übliche Bild: Während Fritzi unter aufgeregtem Gebell einen wilden Sprint hinlegt, packt Wolle sie spielerisch am Kragen, schnappt ihre Rute und versucht sie, durch sons-

104

tigen Schabernack, am Vorwärtskommen zu hindern. Bald biegen die Spitze auf die Wiese ein, die sich neben dem Weg erstreckt, tollen miteinander herum, überholen sich gegenseitig, umkreisen einander und scheuchen die gemütlich frühstückenden Schwarzdrosseln auf, die verärgert keckernd davonfliegen.

Als wir uns dem Hafenbecken nähern, sind die Hunde so erhitzt, dass sie die Böschung zum Ufer hinunterlaufen, ausgiebig trinken und sich abkühlen. Nachdem sie sich erfrischt haben, lassen sie sich gern zurückrufen. Gemeinsam setzen wir unseren Weg fort. Mein Ziel ist ein Aussichtspunkt oberhalb des Hafens, von dem man die gesamte Hafenanlage überblicken kann und auch den am Rand der Insel vorbeifließenden Rhein sieht. Während wir über den Deich laufen, bekomme ich allmählich nasse Füße in dem hohen, ungemähten Gras, in dem die kleinen Spitze gelegentlich ganz verschwinden, um urplötzlich an einer anderen Stelle wieder aufzutauchen. Weit und breit ist kein anderer Mensch oder Hund zu sehen – wieder einmal profitieren wir davon, dass ich so eine Frühaufsteherin bin.

Am Aussichtspunkt angekommen, genieße ich den weiten Blick über die glitzernde Wasserfläche. Auf dem Rhein gleitet ein Trupp Kanufahrer stromabwärts. Ihre neonroten Schwimmwesten leuchten in der Sonne.

Auf der gegenüberliegenden Rheinseite tuckert ein mit Containern beladener Lastkahn vorbei, an dessen Heck die niederländische Flagge flattert. Ich winke den Kindern zu, die um den auf dem Vorderschiff geparkten Kleinwagen herumspringen, aber sie scheinen mich nicht zu sehen. Plötzlich schießt mit heiserem Gebell ein kleiner Hund aus der Kajütentür. Meine Spitze geben sofort Antwort. Nun schauen auch die Kinder zu uns herüber und winken zurück.

Während ich all diese Eindrücke in mich aufnehme, empfinde ich eine tiefe Freude über diesen friedlichen, sonnigen Frühlingsmorgen, meine lebhaften Hunde und die keimende Natur um uns herum. Ich danke Gott, der mir dies alles geschenkt hat, und klopfe mir auch ein bisschen selbst auf die Schulter wegen meiner guten Idee, heute Morgen auf diese Insel hinauszufahren. Wirklich eine wunderbare Art, das Wochenende zu beginnen.

Auf dem Rückweg zum Auto beobachte ich schmunzelnd, wie meine Hunde immer wieder zu ihren charakteristischen, steilen Mäusesprüngen ansetzen, die zwar sehr beeindruckend wirken, aber so gut wie nie zum Ziel führen – die kleinen Nager sind einfach schneller und geschickter.

Während ich mir gerade überlege, was ich nachher zum Mittagessen kochen will, lässt Fritzi plötzlich von der erfolglosen Mäusejagd ab und saust hinunter zum Hafenbecken. Wie von einer unsichtbaren Schnur gezogen, flitzt sie am Ufer entlang. Aus leidvoller Erfahrung ahne ich bereits, was sie vorhat. »*Fritziiiiii!!!*«, rufe ich so streng und laut ich kann, aber meine Hündin scheint völlig taub zu sein. Meine Rufe verhallen ungehört. Hilflos muss ich zusehen, wie sie sich, offensichtlich am Ziel ihrer Wünsche, begeistert auf den Rücken wirft und auf dem Boden herumwälzt. Alles Schreien und Schimpfen nützt nichts. Wieder und wieder schnuppert und leckt sie enthusiastisch an dem, was auch immer dort herumliegt. Wieder und wieder rollt sie sich, mit verzückt in die Höhe gestreckten Beinen, darin herum. Sie macht so etwas nicht zum ersten Mal – ich kenne ihre Vorliebe für entsetzlich stinkende Hinterlassenschaften von Mensch und Tier und bin auf das Schlimmste gefasst. Resigniert gehe ich weiter, ohne mich weiter nach ihr umzusehen – ich bin so enttäuscht über Fritzis Ungehorsam, dass es mir für ein paar Minuten sogar gleichgültig ist, ob sie überhaupt noch hinter mir herkommt.

Kurz bevor ich mit Wolle am Auto ankomme, holt Fritzi uns ein. Sie spürt meine Ablehnung und schielt mit gesenktem Kopf zu mir hinauf. Nein, ein Leckerchen zur Belohnung dafür, dass sie gekommen ist, gibt es diesmal nicht. Sie kommt viel zu spät und nicht, weil ich sie gerufen habe, sondern weil sie ohnehin mit ihrer Wälzaktion fertig war. Hals, Schultern, Kopf und Ohren sind dunkel verfärbt. Ich würdige Fritzi keines zweiten Blickes. Unsicher trottet sie in einem Abstand von mehreren Metern vor mir her. Selbst auf diese Entfernung rieche ich den entsetzlichen Gestank, der an ihr haftet. Ich tippe auf eine Mischung aus Kotresten und verwestem Fisch und wende den Kopf zur Seite, um meinen aufsteigenden Brechreiz zu unterdrücken.

Was soll ich jetzt nur tun? Wenn ich Fritzi in diesem Zustand ins Auto lasse, bekomme ich den Gestank dort nie wieder heraus. Aber zu Fuß nach

Hause zu laufen, ist viel zu weit. Zum Glück habe ich mir, seit Wolle damals weggelaufen ist, angewöhnt, beim Spaziergang mein Handy mitzunehmen. Also rufe ich zu Hause an und erzähle Gerhard von meinem Dilemma. Er weiß gleich Rat und bittet mich, am Parkplatz auf ihn zu warten. Nach einer halben Stunde, in der mich Fritzi vergeblich mit bettelnden Blicken um freundliche Worte und Streicheleinheiten anfleht, biegt Gerhard mit Fahrrad und Hundeanhänger auf den Parkplatz ein. Mit spitzen Fingern verfrachten wir Fritzi in den Fahrradanhänger. Während ich mit Wolle im Auto nach Hause fahre, kommt Gerhard mit Rad und Anhänger hinter uns her.

Als Herrchen und Übeltäterin ankommen, habe ich schon alles für Fritzis Wiederherstellung zum Familienhund vorbereitet – im Badezimmer liegen Hundeshampoo, Föhn und ein großes Handtuch bereit. Ich führe Fritzi an der Leine direkt ins Bad, damit sie nur nicht auf die Idee kommt, irgendein anderes Zimmer zu betreten. Ich hebe meine kleine Bestie in die Wanne, dusche sie mit lauwarmem Wasser ab und schäume sie dreimal hintereinander mit Hundeshampoo ein. Demütig lässt sie alles über sich ergehen. Immer wieder schaut sie mich dankbar an – offensichtlich unendlich froh und erleichtert darüber, dass ich mich ihr endlich wieder zuwende. Nachdem ich sie ein letztes Mal gründlich abgeduscht habe, sind meine Geruchsnerven einigermaßen besänftigt, und ich hülle sie in das vorgewärmte Handtuch ein. Ein ganz leichter Fischgeruch haftet ihr immer noch an, aber er ist so dezent, dass ich darauf verzichte, die kleine Hündin noch ein viertes Mal zu waschen.

Während ich das nasse Fell rubble und danach mit dem Föhn durchpuste, versucht Fritzi mir die Hand zu lecken. Ich versichere ihr, dass sie gerade ein sehr braver Hund gewesen ist und dass jetzt wieder alles in Ordnung zwischen uns ist.

Als ich kurz darauf im Wohnzimmer sitze und, während ich mein Müsli esse, ein wenig ins Fernsehprogramm schaue, springt Fritzi neben mich aufs Sofa und schmiegt sich an mich. Ich habe nichts dagegen und kraule ihr noch feuchtes Hälschen. *Ja, jetzt können wir wieder Gemeinschaft miteinander haben*, denke ich. Der entsetzliche Gestank, der das unmöglich gemacht hat, ist weg. Und auf einmal begreife ich, noch ein wenig besser als zuvor, warum Jesus kommen musste. Warum wir Menschen, so wie wir sind, nicht mit Gott Gemeinschaft haben können: Der Schmutz und Gestank der Schuld, der uns von Natur aus anhaftet, ist für Gott so unerträglich wie für mich der Geruch des verfaulten Fisches, in dem Fritzi sich gewälzt hat. Bevor ich zu Gott kommen konnte, habe ich ein gründliches Bad gebraucht. Wieder einmal bin ich unendlich dankbar, dass Jesus auf diese Erde gekommen ist. Dass er am Kreuz sein Blut vergossen hat, um uns von unserer Schuld reinzuwaschen, damit wir Gemeinschaft mit dem himmlischen Vater haben können.

Vertrauen zu genießen ist ein größeres Kompliment,
als geliebt zu werden.

George MacDonald

Musterhafte Patientin

Ich stehe an der Rezeption der Tierarztpraxis und nenne meinen Namen. »Guten Tag, Braun. Wir haben einen Termin um halb zehn.« – »Ah ja, und mit wem sind Sie da?« – »Mit Fritzi.« – »Worum ging es noch mal?« – »Wir denken, dass sie trächtig ist, und würden sie gern untersuchen lassen. Ob alles in Ordnung ist, und damit die Frau Doktor schon mal Bescheid weiß, falls wir später bei der Geburt Hilfe brauchen.« – »Gut, nehmen Sie noch ein paar Minuten im Wartezimmer Platz, ich rufe sie dann auf.«

Sobald ich mich auf einen der funktionellen Stühle aus Drahtgeflecht gesetzt habe, die fest an der rückwärtigen Wand des Wartezimmers verankert sind, springt Fritzi auf meinen Schoß. Sie ist ein bisschen verunsichert unter all den fremden Menschen und Hunden und sucht Schutz. Vertrauensvoll schmiegt sie sich an mich. Behutsam streichle ich den kleinen, warmen Körper auf meinem Schoß. Sie wendet den Kopf und sieht mich aus ihren dunklen, klugen Augen an. »Alles ist gut, meine Kleine«, sage ich. »Es tut überhaupt nicht weh. Wir wollen nur mal etwas nachschauen.« Kurz darauf werden wir ins Behandlungszimmer gebeten. Die Tierarzthelferin klärt mich auf: »Wir müssen einen Ultraschall machen. Nur so können wir sehen, ob Fritzi tatsächlich trächtig ist. Am Hormonspiegel lässt sich das nicht feststellen, denn alle Hündinnen haben in den Wochen nach der Läufigkeit Schwangerschaftshormone im Blut, ob sie nun trächtig sind oder nicht.« Ich erinnere mich dunkel daran, dass ich das auch schon einmal gelesen habe. Es ist von der Natur – das heißt für mich, von Gott – absichtlich so eingerichtet, damit die Mutterhündin nach der Geburt Unterstützung von den anderen Hündinnen im Rudel bekommen kann. Damit diese auch Muttergefühle entwickeln und ihr helfen können, die Welpen zu betreuen. Und sie sogar zu säugen, falls die Mutter es allein nicht schafft. *Wie wunderbar Gott all diese Dinge bedacht hat*, geht es mir durch den Kopf.

Die Assistentin bittet mich, Fritzi auf den Untersuchungstisch zu heben. Sie stellt eine schmale Schaumstoffwanne darauf, und wir legen Fritzi auf dem Rücken in diese Wanne hinein. Geduldig nimmt die Hündin es hin, dass die Assistentin mit einem Rasierapparat an sie herantritt und ihr das Bäuchlein schert.

Als die Ärztin hereinkommt, liegt Fritzi immer noch ganz still auf dem Rücken. Während ich ihr den Hals kraule, wendet sie das Köpfchen ein wenig zur Seite und leckt meine Hand. Die Ärztin trägt einen Klecks Gel auf Fritzis nackten Bauch auf. Fritzi zuckt ganz kurz zusammen, als sie die plötzliche Kälte spürt. Ich kenne das Gefühl, das sie jetzt haben muss, von meinen eigenen Ultraschall-Untersuchungen während meinen Schwangerschaften. Während der Schallkopf über Fritzis nacktes Bäuchlein fährt, bleibt die Hündin reglos liegen und blickt mich unablässig an. Sie saugt sich förmlich an meinen Blicken fest, während ich sie lobe und beruhigend auf sie einspreche. Die Ärztin schüttelt staunend den Kopf. »Sie benimmt sich wirklich musterhaft«, sagt sie anerkennend. »So stellen wir uns das vor.«

Ich merke, wie ich vor Freude ein bisschen rot werde.

Die Ärztin erklärt mir, was sie auf dem Monitor sieht. Kleine Herzen die schlagen, winzige Gliedmaßen. »Sie hatten recht, Fritzi ist trächtig«, sagt sie. »Wahrscheinlich sind es vier Welpen. Ich bekomme sie nicht alle gleichzeitig aufs Bild, darum könnte es sein, dass ich einen doppelt gesehen habe. Ich gehe mal davon aus, dass es drei oder vier sind – mehr jedenfalls nicht.« Und auf meine Fragen setzt sie hinzu: »Ja, sie machen alle einen sehr guten, lebendigen Eindruck. Und Fritzi auch – mit ihr ist alles in Ordnung, herzlichen Glückwunsch. Ich denke, Sie werden für die Geburt keine Hilfe brauchen – aber falls doch, rufen Sie jederzeit an. Sie wissen ja, unsere Klinik ist rund um die Uhr geöffnet.«

Sie berechnet noch den zu erwartenden Geburtstermin, und nach einem freundlichen Händedruck sind wir entlassen.

Während ich am Tresen auf die Rechnung warte, sehe ich meine kleine Hündin voller Stolz und Rührung an. Wie tapfer sie sich geschlagen hat. Wie geduldig sie die Untersuchung ertragen hat. Ich kenne den Grund. Wenn ich bei ihr bin, wenn ich sie streichle und ihr sage, dass alles gut wird und dass sie keine Angst zu haben braucht, vertraut sie mir bedingungslos.

Unwillkürlich muss ich daran denken, dass auch Gott sich vor allem eins von mir wünscht – dass ich ihm immer und überall vertraue. Wenn mir schon so viel Vertrauen von Fritzi geschenkt wird – wie viel mehr Vertrauen hat Gott verdient, der doch absolut treu und gut, und allmächtig ist? Er wird mich niemals enttäuschen.

Er, der das Wort ist,
wurde Mensch und lebte unter uns.
Johannes 1,14

Nützliche Sprachkenntnisse

Der Arztbesuch mit Fritzi erinnert mich an einen anderen Besuch beim Tierarzt, der gute vier Jahrzehnte zurückliegt.

Mein Vater und ich fahren mit Berry, unserem blonden Hovawart-Rüden, zur Praxis von Tierarzt Dr. Bräuer in der Nachbarstadt. Es ist unser erster Besuch bei ihm – unser bisheriger Tierarzt hat seine Praxis aufgegeben. Heute haben wir nur eine Routinebehandlung vor uns: Berry braucht seine jährliche Impfung. Er weiß natürlich nicht, was ihm bevorsteht, und scheint sich ziemliche Sorgen zu machen. *Hoffentlich geht alles gut mit dem neuen Arzt,* denke ich. *Schade, dass der andere nicht mehr praktiziert – mit dem kamen wir alle ganz gut zurecht …*

Angespannt verfolgt Berry, wie die aufgerufenen Personen mit ihren Schützlingen in den verschiedenen Behandlungszimmern verschwinden und wieder herauskommen. Seine Ohren zucken nervös, und von seinen Lefzen tropft ein Speichelfaden. Ab und zu steht er auf und versucht Richtung Ausgang zu gehen, aber mein Vater hält die Leine fest in seinen Händen.

Schließlich werden wir in einen Behandlungsraum gebeten, in dem der Doktor uns schon erwartet. Sein freundliches Gesicht ist ein bisschen sommersprossig; eine blonde Haarsträhne fällt über seine dicke Hornbrille, die halb von der Nase gerutscht ist. Er nickt nur kurz zu uns Menschen herüber und wendet sich dann gleich unserem Berry zu. Er beugt sich zu dem mächtigen Rüden hinunter, krault seine breite Brust und stößt dabei die seltsamsten Laute aus, die ich jemals von einem Menschen gehört habe. Für einen Moment kommt es mir so vor, als hätte er den Verstand verloren. Er winselt genau wie ein junger Hund – er gibt ein richtiges Konzert! Kurze, abgerissene Laute wechseln mit lang gezogenen Melodien. Dazu macht er eigenartige, ruckweise Bewegungen mit dem Oberkörper, klopft mit den flachen Händen auf den Behandlungstisch ... Es ist ein urkomisches Schauspiel. Wir sind völlig verdattert, aber Berry scheint begeistert zu sein. Er wedelt freudig mit der Rute, leckt dem Arzt die Hände und beantwortet dessen freundliche Begrüßung nun seinerseits mit verzücktem Winseln. »Ja, so ist's gut – was bist du für ein feiner Hund! So ein schöner … und so brav!«, säuselt der Arzt, während er ihn mit geübtem Griff auf den Behandlungstisch hebt. Hingebungsvoll blickt Berry ihn an und verzieht keine Miene, während der Arzt das Spritzbesteck bereit macht, die Nadel ansetzt und Berry die vorgeschriebene Impfung verpasst. Ehe der Hund den Piekser bemerkt, überschüttet der Arzt ihn bereits mit erneuten Lobtiraden und wuschelt sein dichtes Rückenfell durch. »Na siehst du, das war doch überhaupt nicht schlimm, nicht wahr?«, fragt er, und Berry sieht ihn so treuherzig und zustimmend an, dass wir nur noch staunen können.

Als Berry wieder auf dem Fußboden steht, steckt der Arzt ihm noch ein Leckerchen zu. Nachdem er ihm noch einmal anerkennend über den Kopf gestreichelt und ein letztes kurzes Winseln ausgestoßen hat, dürfen wir gehen.

Heute im Rückblick denke ich, dass dieser Arzt wirklich ein »Hundeflüsterer« war, lange bevor dieser Ausdruck zum ersten Mal in der Fachwelt auftauchte. Er konnte mit Berry in der Sprache sprechen, die er verstand, und auf diese Weise seine Freundschaft und sein Vertrauen gewinnen. Es versteht sich wohl von selbst, dass Berry von da an jedes Mal begeistert war, wenn es die Stufen zur Tierarztpraxis hinaufging. Er freute sich darauf, seinen Freund zu treffen, mit ihm zu »reden« und sich von ihm streicheln und loben zu lassen. Auch wenn er mit zunehmendem Alter manchmal eine etwas schmerzhaftere Behandlung über sich ergehen lassen musste, ertrug er das stets klaglos – er betrachtete den Arzt immer als seinen Freund und Vertrauten, und schien instinktiv zu spüren, dass alles, was dieser tat, zu seinem Besten diente.

Während ich über dieses Erlebnis nachdenke, wird mir bewusst, dass Jesus genau das getan hat, was Dr. Bräuer gemacht hat: So wie dieser Tierarzt sich selbst quasi zum Hund gemacht, sich auf seine Ebene begeben und seine Sprache gelernt hat, hat Jesus Menschengestalt angenommen. Er hat als Mensch unter uns gelebt und unsere Sprache gelernt, damit wir ihn und den Vater verstehen und auf sein Angebot eingehen können, seine Freunde zu werden und uns von ihm heil und gesund machen zu lassen.

Und kann's nur ein Wunder wenden,
auch ein Wunder kann er senden.

Viktor Friedrich von Strauss und Torney

Berge versetzen

Der Frühstückstisch ist gedeckt, der Kaffee läuft durch und unsere beiden amerikanischen Gäste machen sich gerade für ihren langen Arbeitstag fertig. Unsere Gemeinde hat Besuch von einigen tüchtigen Handwerkern aus unserer Partnergemeinde in den Vereinigten Staaten bekommen, die uns helfen wollen, unser neues Gemeindegebäude fertigzustellen.

Ich gehe hinunter in die Werkstatt, um Gerhard zum Frühstück zu rufen. Wie immer läuft Wolle hinter mir her. Gerhard möchte mir noch kurz etwas erzählen, was ihm heute Morgen beim Bibellesen wichtig geworden ist. Gern höre ich ihm zu – die Gäste brauchen sowieso noch ein paar Minuten. Während Gerhard mir berichtet, welche neue Erkenntnis er soeben bekommen hat, liegt Wolle vor uns auf dem Fußboden und macht sich an einem Holzstück zu schaffen. In unserer Werkstatt steht ein Ofen, darum ist es nichts Besonderes, dass dort Holzreste herumliegen. Wolle benutzt sie öfter um seine Kaumuskeln zu trainieren. So messe ich dem keine weitere Bedeutung bei und höre gespannt zu, was Gerhard mir erzählt.

Aber unvermittelt verändern sich Benehmen und Körperhaltung unseres Hundes auf erschreckende Weise. Er windet sich mit seltsamen Bewegungen auf dem Boden, wirft den Kopf hin und her, würgt und keucht. Seine Augen weiten sich vor Angst. Es ist offensichtlich, dass er keine Luft mehr bekommt. Er muss etwas von dem Holz abgebissen und verschluckt haben. Anscheinend sitzt es in seiner Kehle fest. Erschrocken stürze ich auf ihn zu, fasse seinen Brustkorb und beginne panisch zu beten. »Bitte, Gott, bitte greif ein und rette ihn!« Gerhard betet mit. Die Sekunden rasen vorbei, und ich merke, wie das Leben aus Wolles Körper entweicht. Ich spüre mit entsetzlicher Gewissheit, dass mein kleiner Hund stirbt – zu früh, viel zu früh, gerade mal ein Jahr ist er alt … Dann merke ich, wie sich etwas in mir dagegen aufbäumt. Wie in einem Film sehe ich, was als Nächstes geschieht. Ich lege Wolle die Hände um den Körper und befehle mit fester Stimme:

»Lebe! Lebe!« Dann höre ich mich selbst zu dem Holzstück, das in Wolles Kehle feststeckt, sprechen: »Komm heraus! Im Namen Jesu befehle ich dir: Komm heraus!«

Ein Zittern geht durch den kleinen Hundekörper, ein Würgen – und das Holzstück liegt vor uns auf den Steinfliesen. Wolle schnappt gierig nach Luft. Schluchzend vor Erleichterung nehme ich ihn in die Arme.

Mit weichen Knien gehen wir die Treppe hinauf und erzählen unseren Gästen, was wir soeben erlebt haben.

Gemeinsam danken wir Gott für Wolles Rettung – und dafür, dass er mir den Mut geschenkt hat, in einer Weise zu beten, wie ich es noch nie zuvor getan habe. In einer Weise, die vielleicht nur für ganz besondere Gelegenheiten reserviert ist.

Wer kann nur glauben, dass hinter solchen
strahlenden Augen keine Seele wohnt?

Théophile Gautier

Die wichtigste Beziehung

Einen Tag vor Heiligabend ist es so weit. Schon frühmorgens um vier ist Fritzi sehr unruhig und sucht den ganzen weiteren Tag über meine Nähe. Sie scheint nicht recht zu begreifen, was mit ihr vorgeht. Ich habe ein »Einsteigerbuch für Hundezüchter« gelesen und mich, so gut wie möglich, auf die Geburt der Welpen vorbereitet. Im Wohnzimmer, neben meiner Fernsehliege, ist die Wurfkiste aufgebaut. Auf dem vorübergehend zugeklappten Klavier steht ein Korb mit Stofftüchern, Notfallmedikamenten, Einwegspritzen, Küchenwaage, Papiertüchern, Nabelschere ... Daneben ein kleiner Pappkarton mit Wärmflasche und Badetuch, um die ersten Welpen warm zu halten, wenn Fritzi damit beschäftigt sein wird, die weiteren Welpen zur Welt zu bringen. In Gedanken gehe ich noch einmal alles durch, was ich machen muss, falls Fritzi ihre Welpen nicht selbst abnabelt, aus der Eihülle befreit und sauber leckt. Anita, eine erfahrene Züchterin, ist auch benachrichtigt und hält sich am Telefon bereit, um mir bei Bedarf mit ihrem Rat zur Seite zu stehen.

So gerüstet, warten wir auf das Einsetzen der Wehen – Fritzi liegt in ihrem Wurflager, das sie glücklicherweise nun akzeptiert hat, nachdem sie ihre Welpen zunächst in einer selbst gegrabenen Höhle im Garten unter unserem Wohnwagen zur Welt bringen wollte. Ich warte neben ihr auf meiner Liege und spreche ihr immer wieder Mut zu, wenn sie mich Hilfe suchend anschaut. Schließlich beginnt ihr kleiner Körper unter den einsetzenden Wehen zu zittern, und sie winselt leise. Rasch gehe ich in die Küche, um das Wasser für die Wärmflasche zu erneuern und das erste Hundebaby in Empfang zu nehmen. Ich bin so aufgeregt – hoffentlich geht alles gut. Als ich zurückkomme, hockt Fritzi schon über einem schwarz-weißen, maulwurfsgroßen Paketchen und schleckt und knabbert hingebungsvoll daran herum. In kaum einer Minute ist die Eihülle geöffnet, die Nabelschnur zertrennt, die Plazenta aufgefressen und das Welpchen sauber geleckt. Fritzi hat alles allein geschafft! Während sie auf die nächsten Wehen wartet, lege ich das Kleine in den vorgewärmten Karton und decke es behutsam zu.

Nach einer guten Stunde ist die Welt um vier winzige und dennoch vollkommene, kleine Wunderwerke bereichert. Fritzi hat genau gewusst, was sie tun muss, und Anita hat an ihrem Telefon ausgeharrt und mir gesagt, wie ich sie am besten unterstütze.

Fritzi ist eine hingebungsvolle Hundemama, die vorbildlich für ihre Welpen sorgt. Stolz wacht sie über ihren Nachwuchs; in der ersten Woche trennt sie sich nur von ihren Kindern, um kurz im Garten ihr Geschäftchen zu machen. Ihre Instinkte funktionieren tadellos.

Aber schon nach einer Woche, meldet sich in Fritzi ein Verlangen, das noch wichtiger zu sein scheint als die Fürsorge für ihre Welpen: ihre Sehnsucht, mit mir zusammen zu sein. Als ich Wolles Leine und Halsband nehme, um ihn spazieren zu führen, steht Fritzi plötzlich vor mir und sieht mich bettelnd an. Schon nach einer Woche will sie wieder mitkommen und ihre Welpen allein lassen? In meinem Buch habe ich gelesen, dass eine Mutterhündin dazu meist erst nach einem Monat bereit ist ... Aber warum nicht – die Welpen haben eben getrunken und schlafen zufrieden in ihrem Lager. Ich nehme Fritzi mit, und sie »strahlt« über ihr ganzes liebes Hundegesicht. Als wir zurückkommen, führt ihr erster Weg sie ins Schlafzimmer zu ihren Welpen. Sie weiß genau, dass ihre Kinder auf sie warten.

Aber im Lauf der nächsten Tage und Wochen wird immer deutlicher, dass die wichtigste Beziehung in Fritzis Leben der Kontakt zu ihrem Frauchen ist. Sobald ich aus dem Zimmer gehe, springt sie auf und folgt mir. Es scheint ihr gar nichts auszumachen, wenn ihre Welpen noch nicht fertig getrunken haben und heftig protestieren. Ich stelle mich darauf ein und lerne, ab sofort für die Welpen mitzudenken. Wenn ich merke, dass sie hungrig werden, setze ich mich zu Fritzi auf den Teppich, halte sie auf meinem Schoß und streichle sie, bis die Kleinen gesäugt sind. Mit der Zeit wird das jedoch recht anstrengend, denn die Hundekinder bekommen immer mehr Hunger. So bin ich froh, als ich sie zufüttern darf. Jetzt wird es für alle leichter, und die Welpen sind bald begeistert von meiner Ziegenmilch aus dem Schälchen und den kleinen, in der Hand gerollten Hackfleischbällchen.

Wir erleben mit unseren Welpen noch vieles, was uns bereichert, froh macht oder zum Lachen bringt. Aber eine Erfahrung, die mich besonders nachhaltig bewegt, ist, dass Fritzis Liebe zu mir stärker ist als alles andere in ihrem Leben – sogar stärker als ihr Verlangen, für ihre Welpen zu sorgen.

So ist ihr Verhalten für mich zu einem eindrücklichen Beispiel dafür geworden, was Jesus damit meint, als er zu seinen Jüngern sagt, dass ihnen die Liebe zu ihm wichtiger sein soll als alles andere in ihrem Leben (Matthäus 10,37). Ich möchte von Fritzi lernen, mit einer ebenso treuen, hingebungsvollen Liebe an meinem Herrn zu hängen wie sie an ihrem Frauchen.

*Die Liebe ist oft das Schönste und
manchmal das Schwerste –
aber sie ist immer das Wichtigste.*

Anonym

Welpenglück und Welpenleid

Es ist eine wunderbare Erfahrung mitzuerleben, wie aus vier winzigen, blinden und tauben »Maulwürfen« nach und nach wache, lebhafte kleine Persönlichkeiten werden. *Milli, Frodo, Werner* und *Blanka* halten uns so auf Trab, dass Gerhard sich entschließt, seinen Jahresurlaub zu nehmen. So haben wir beide Zeit, uns um die Kleinen zu kümmern. Ähnlich wie damals, als wir unser erstes Kind bekamen, haben wir das Gefühl, dass es sich bei der Welpenaufzucht um eine Vollzeitbeschäftigung für zwei Personen handelt.

Fritzi hält Wolle während der ersten Wochen von ihren Welpen fern. Obwohl seine Kinder ihn brennend interessieren, respektiert er Fritzis Autorität ganz selbstverständlich. In gebührendem Abstand bleibt er vor der Wurfkiste sitzen und starrt nur

sehnsüchtig hinein, als wolle er unbedingt begreifen, was dies alles zu bedeuten hat.

Nach einiger Zeit jedoch, als die Welpen größer
und kecker werden, erlaubt Fritzi, dass er sich ihnen
nähert. Sie bezieht den Vaterrüden in die Erziehung
mit ein. Die Kleinen müssen nun lernen, die Autorität ihrer Eltern zu achten und sich keine Übergriffe
zu erlauben.

Wir lieben sie alle vier, aber ich habe einen besonderen Liebling: den kleinen Werner, der seinem
Vater Wolle mit dem schwarzen Fell und den weißen Pfoten, Kragen und Rute so ähnlich sieht, dass
er wie eine Miniaturausgabe seines Vaters wirkt.
Der Kleine ist eindeutig der cleverste im Geschwis-
terrudel; sein drolliges Verhalten bringt uns immer
wieder zum Lachen. Zum Beispiel, wenn Wolle
hingebungsvoll an einem Kauknochen nagt, und
Werner sich an ihn heranschleicht, um mal zu
sehen, was sein Papa da Leckeres verspeist. Ob das
nicht auch etwas für ihn sein könnte? Wenn Wolle
dann irgendwann zu knurren beginnt, weil er bei
aller väterlichen Toleranz allmählich das Gefühl
hat, dass der Kleine nun doch zu dreist wird, setzt

Werner sich einfach auf sein Hinterteil und hebt beschwichtigend eine Vorderpfote, ganz als wollte er sagen: »Ist schon gut, Papa, ich hab's kapiert. War nicht so gemeint, okay?« Tatsächlich lässt Wolle sich dadurch beruhigen und hört sofort auf zu knurren.

Witzig ist auch, wie zornig Werner werden kann, wenn er vor der Haustür sitzt und die Treppe hinunter in den Garten möchte. Die Stufen sind ihm noch zu hoch, und er traut sich nicht, sie hinabzusteigen. Statt sich aber mit der Situation abzufinden und einfach darauf zu warten, dass ihn jemand hinunterträgt, hat er eine andere Strategie entwickelt: Er knurrt und bellt, und schaut die Stufen mit so wütendem Blick an, als wollte er sie dazu bewegen, sich seinem Wunsch, in den Garten hinunterzugelangen, nicht länger in den Weg zu stellen.

Werner scheint auch mich besonders ins Herz geschlossen zu haben: Er flitzt begeistert auf mich zu, wenn ich von meiner Arbeit in der Bibliothek zurückkomme. Wenn ich meinen Korb abstelle, um die Welpen zu begrüßen, springt er sofort hinein. (Selbst die Vorliebe für Körbe scheint er von seinem Vater geerbt zu haben ...)

Eines Tages beobachte ich eine Szene, die auf mich wie eine kleine Predigt wirkt: Werner ist während einer Erkundungstour durchs untere Stockwerk zur Treppe gelangt. Nun hockt er auf dem unteren Ende der mit Teppichboden überzogenen Rampe, die Gerhard gebaut hat, als Wolle klein war. Sehnsüchtig blickt er nach oben. Ich versuche ihn zu ermutigen, die Rampe hinaufzulaufen, aber er schaut mich nur ratlos an. Die Situation scheint ihn sichtlich zu überfordern. In diesem Moment kommt Wolle, der anscheinend auch nach oben möchte. Er läuft um Werner herum, der den Eingang zu seiner Privatstraße blockiert, und wechselt dann auf die Rampe über, sobald die Bahn frei ist. Werner schaut erstaunt zu, wie Wolle in einem Schwung die Rampe hinaufrennt. Als wäre nun unvermittelt der Funke übergesprungen, saust er, wie an einer unsichtbaren Schnur gezogen, hinter seinem Vater her, ebenfalls die Rampe hinauf. Dieses Bild – Wolle und sein beinah identisches kleines Ebenbild, wie sie hintereinander die Rampe hinauflaufen – hat sich mir so deutlich eingeprägt, dass ich es noch heute vor mir sehe. Der kleine Werner hat mir durch sein Beispiel praktisch vor Augen geführt, was Nachfolge bedeutet: Dass ich meinen Blick fest auf Jesus richte und genau darauf achte, was er in einer bestimmten Situation getan hat oder tun würde. Dann wird sein Vorbild mich dazu inspirieren, dasselbe zu tun wie er – und mir auch die Kraft schenken, die dafür nötig ist.

Wir beten lange dafür, dass alle Welpen einen guten neuen Platz bekommen. Frodo zieht schon mit zwei Monaten zu einer wunderbaren Familie nach Rheinsheim, unserer Nachbarstadt direkt auf der anderen Rheinseite. Werner und Blanka bleiben einen Monat länger – dann denken wir, auch für sie das richtige Zuhause gefunden zu haben. Der Abschied von Werner fällt mir besonders schwer. Am Tag nach seinem Auszug verkrieche ich mich bei meiner Arbeit in der Bibliothek in einen wenig benutzten Raum. Während ich die Bücher in den Regalen sortiere, weine ich lange und verzweifelt um diesen kleinen Hund, der mir so ans Herz gewachsen ist. Als Gerhard am nächsten Tag Bilder vom Fotografen holt und ein Foto dabei ist, auf dem Werners liebes Spitzgesichtchen aus meinem Arbeitskorb herausschaut, ist es endgültig um mich geschehen. Ich rufe bei den jungen Leuten in Frankfurt an, die ihn gekauft haben, erkundige mich nach dem Kleinen und kann es nicht verhindern, dass ich unvermittelt heiße Tränen weine und nur noch hilflos herumstammeln kann. Die beiden sind unglaublich freundlich und verständnisvoll. So gut sie können, trösten sie mich, indem sie mir von Wernerchen erzählen, mir berichten, dass es ihm gut geht und mir Fotos über Facebook schicken. Ich bin so dankbar für ihr Verständnis ... und gleichzeitig betroffen, dass ich so ein kleines Lebewesen, das gerade einmal drei Monate bei uns gelebt hat, schon so sehr liebe.

Die schmerzlichen Trennungserfahrungen zeigen uns, dass wir es uns sehr gut überlegen müssen, ob wir noch einmal Welpen haben wollen. Vielleicht können wir das nicht noch ein zweites Mal schaffen.

Ein Trost ist uns jedoch geblieben: Milli, die Erstgeborene unserer Welpen, bleibt bei uns. Sie hat sich immer zurückgezogen, wenn Kaufinteressenten kamen. Darum hat sie niemand ausgewählt – und sie hat sich offensichtlich ihrerseits dafür entschieden, bei uns zu bleiben. So beschließen wir, ihr diesen Wunsch zu erfüllen und weiteren Interessenten einfach zu sagen, dass die Welpen bereits alle ein Zuhause gefunden haben.

Während Wolle und Fritzi in erster Linie meine Hunde sind, schließt Milli sich vor allem an Gerhard an. So kommt es, dass ich meist mit den beiden Eltern unterwegs bin, während Gerhard für Milli zuständig ist. Er wird dabei von Claudia unterstützt, unserer lieben Freundin und »Adoptiv«-Tochter. Sie holt die kleine Hündin oft zum Spaziergang ab; zwischen Milli und Claudia entwickelt sich mit der Zeit eine tiefe Liebe, die bis zum heutigen Tag andauert.

Denn Gott ist nicht ein Gott der Unordnung,
sondern ein Gott des Friedens.
1. Korinther 14,33

Rangordnung – ganz entspannt!

»Ein gesunder Rüde lässt sich von einer Hündin viel gefallen.« – Diesen Satz haben wir vor Jahren einmal von einem Hundebesitzer gehört, als wir uns darüber gewundert haben, wie viel sein gutmütiger Rüde sich von unserer Elsa bieten ließ.

Seit Fritzi bei uns wohnt, müssen wir öfter an seinen Spruch denken. Wolle überlässt seiner neuen Gefährtin bereitwillig seinen Schlafplatz und nimmt es klaglos hin, wenn sie ihn zurechtweist, weil er zu zudringlich wird. Kommentarlos lässt er zu, dass sie fortan beim abendlichen Bürsten als Erste drankommt. Wenn er bei mir auf dem Sofa sitzt und Fritzi ebenfalls hinauf möchte, rückt er ganz selbstverständlich ein Stück zur Seite und lässt sie neben mich.

Allerdings ist Fritzi durchaus keine Despotin, die immer und überall auf ihre Privilegien besteht:

Wenn ich vom Einkaufen oder Arbeiten nach Hause komme, wartet sie geduldig ab und lässt zu, dass Wolle mich in seinem ungestümen Überschwang als Erster begrüßt. Erst, wenn er sich wieder beruhigt hat, kommt sie zu mir und bringt ihre Liebe, auf ihre eigene sanfte und hingebungsvolle Art zum Ausdruck.

Auch Milli muss nun ihren Platz in der kleinen Hundefamilie finden. Während der Welpenzeit hat Fritzi schon gut vorgearbeitet. Oft haben wir uns darüber gewundert, wie streng sie mit ihrer Tochter umgeht. Aber Fritzi scheint genau zu wissen, was sie tut. Denn Milli wirkt zunächst erschreckend aggressiv. Immer wieder legt sie sich mit ihren Geschwistern an, knurrt und fletscht die Zähne wie eine kleine Löwin. Sie kämpft erbittert um jeden Kauknochen, jedes Spielzeug, jede Brotrinde und scheint alles daranzusetzen, ihre Grenzen auszutesten. Fritzi hat viel Arbeit damit, ihre wilde Tochter in ihre Schranken zu weisen. Immer wieder beobachten wir, wie Fritzi die Kleine umwirft, sich über sie stellt und drohend die Zähne fletscht, bis Milli kleinlaut Ruhe gibt. Während dieser Phase denken wir oft:

Milli können wir auf keinen Fall behalten. Aber dann kommt es doch so, dass gerade sie bei uns bleibt, und allmählich zahlt sich Fritzis strenge Erziehung aus. Milli begreift, dass ihre Mutter das Sagen hat. Sie entwickelt sich mit der Zeit zu einem überaus friedlichen und sanftmütigen Familienmitglied. Als erwachsene Hündin zeigt sie keinerlei Aggressivität mehr und findet sich ganz selbstverständlich mit ihrer untergeordneten Position ab. Bald scheint sie auch die Privilegien ihrer besonderen Rolle zu erkennen und zu nutzen. Wie ein verwöhntes Nesthäkchen fordert sie Gerhard beim Spaziergang immer wieder durch bettelnde Blicke auf, sie hochzunehmen und herumzutragen. Und wenn er sein fantasievoll dekoriertes Liegerad aus der Garage holt, um Milli »mal wieder ordentlich Bewegung zu verschaffen«, enden ihre Ausflüge oft damit, dass sie stolz auf seinem Schoß sitzt und sich von ihm an der Rheinpromenade entlangfahren lässt – sehr zur Belustigung der Passanten, die diese Szene beobachten.

Beim Fressen gelten besondere Regeln. Da verlassen wir uns lieber nicht darauf, dass es die Hunde selbst untereinander klären, wer wie viel zu essen bekommt. Ich bereite jedem sein eigenes Schüsselchen vor und gebe ihnen ihr Futter in unterschiedlichen Zimmern. Die Türen bleiben allerdings offen. Es ist zu lustig zu beobachten, wie sie nach dem Fressen jeweils die Schälchen der anderen »abklappern« und die allerletzten Reste herauslecken. Dagegen hat niemand etwas einzuwenden, alles läuft vollkommen friedlich ab.

Auch bei Kauknochen und Hundekuchen bekommt jeder seine eigene Ration. Manchmal ist Fritzi, die anscheinend das kräftigste Gebiss hat, früher mit diesen Leckereien fertig als ihre Rudelgefährten. Aber wenn sie dann Versuche unternimmt, den anderen ihre Kauobjekte wegzunehmen, verstehen diese keinen Spaß und wehren sie knurrend ab – Rangordnung hin oder her. So greift Fritzi öfter zu einem Trick: Sie rennt aufgeregt bellend zur Haustür oder zum Gartentor, auch wenn gar niemand kommt. Die anderen fallen immer wieder auf sie herein, lassen ihre Kauknochen liegen und rennen mit, um den vermeintlichen Eindringling zu vertreiben. Dann flitzt Fritzi zurück, schnappt sich den begehrten Knochen und ihr betreffender Rudelgenosse hat das Nachsehen. Was sie aufgrund ihrer Autorität nicht erreichen kann, schafft sie durch ihre List. Diesen Triumph lassen wir ihr auch und nehmen ihr ihre Beute nicht mehr weg.

Beim gemeinsamen Spaziergang tritt die Rangordnung immer wieder einmal zutage: Als Rudelchefin betrachtet Fritzi es als ihre Aufgabe, den Weg für uns freizumachen. Wie ein Eisbrecher in arktischen Gewässern rennt sie bellend vor uns her, um etwaige Feinde zu vertreiben und ihren Schützlingen freie Bahn zu verschaffen. Dass andere Spaziergänger sich durch Fritzis Verhalten eher bedroht als amüsiert fühlen, verstehen wir nur allzu gut und achten darauf, dass sie ihre »Eisbrechermasche« wirklich nur dann anwenden kann, wenn weit und breit niemand zu sehen ist.

Ein Bereich, in dem die Rangordnung anscheinend überhaupt keine Bedeutung hat, ist das gemeinsame Spielen und Toben. Da lässt auch Fritzi sich gelegentlich mit Begeisterung an der Ringelrute oder an den Hinterbeinen packen, zu Boden werfen und besiegen – und »strahlt« geradezu, wenn die anderen beiden gemeinsam über sie herfallen. Auch

Milli hat oft Gefallen an der Opferrolle. Erstaunlich finde ich immer wieder, dass sich bei dem Spiel »zwei gegen einen« immer eine Hündin mit Wolle gegen die jeweils andere Hündin verbündet. Noch nie habe ich beobachtet, dass sich die beiden Hündinnen gegen Wolle verbünden – eine Tatsache, für die ich bis heute keine Erklärung habe. Es scheint ihnen einfach keine Freude zu machen. Vielleicht haben sie ja das Gefühl, dass es unfair wäre, weil sie als Hündinnen ohnehin in der stärkeren Position sind.

Bemühe dich, die Aufgabe zu erfüllen,
die der Herr dir aufgetragen hat.

Kolosser 4,17

Spitz, pass auf!

Ich mache einen Urlaub der besonderen Art: Fritzi ist wieder läufig, und da wir nun erst einmal keine Welpen mehr wollen, bin ich mit Wolle ins Wohnmobil gezogen. Der Einfachheit halber, steht es gleich hier auf dem Germersheimer Wohnmobil-Stellplatz. So kann ich schnell mal nach Hause, um mich zu duschen, neue Kleidung, Essen oder Hundefutter zu holen.

Die anderen Gäste auf dem Stellplatz wechseln häufig, denn die meisten nutzen den Platz nur als Zwischenstation auf dem Weg zu ihrem eigentlichen Urlaubsziel. So lerne ich im Lauf der Zeit eine ganze Reihe neuer Leute kennen. Die meisten Wohnmobil-Touristen sind freundlich und aufgeschlossen, und so ergeben sich manche netten Gespräche. Einige meiner neuen Bekannten fragen mich, wieso ich mit meinem Hund hier in Germersheim Urlaub mache – durch das Nummernschild auf unserem Wohnmobil identifizieren sie mich natürlich gleich als Einheimische. Wenn ich dann erkläre, dass unser derzeitiges Exil aus Gründen der (Hunde-)Familienplanung erforderlich ist, fallen die Reaktionen ganz unterschiedlich aus. Von:»Na, Sie lassen sich das aber was kosten…« bis:»Also, so verrückt müsste ich mal sein!« ist alles dabei.

Manche wollen wissen, wieso wir uns den Luxus leisten – oder den Stress antun – drei nicht kastrierte Hunde unterschiedlichen Geschlechts zu halten. Darauf zu antworten, ist wirklich schwierig. Wir haben uns intensiv mit dem Thema beschäftigt und sind zu dem Ergebnis gekommen, dass wir uns und unseren Hunden diesen Eingriff ersparen möchten. Ich weiß, dass man das auch anders sehen kann. Ich denke nicht, dass es jeder so sehen und handhaben muss wie wir – aber *für uns* ist es eben der richtige Weg. Immerhin überzeugt den einen oder anderen das Argument, dass wir eine Zuchtstätte angemeldet haben und vielleicht in einigen Jahren noch einmal Welpen haben möchten.

Auch manche anderen Themen kommen zur Sprache. Einige Gespräche sind so gut und bereichernd, dass ich mich wirklich freue, hier auf dem Wohnmobilplatz zu sein.

Auch Wolle kommt mit der neuen Situation gut zurecht. Er sitzt am liebsten auf dem Fahrersitz und genießt den weiten Blick, der sich ihm von dort aus bietet. Wenn ich ihn kurz verlasse, um mit dem Rad nach Hause oder zum Einkaufen zu fahren, schaut er mir wehmütig nach und verharrt auf seinem Platz, bis ich wiederkomme. Aber dann ist die Freude jedes Mal groß.

Schnell hat er begriffen, dass der Stellplatz unser neues Zuhause ist. Er schlägt an, wenn er unbekannte Geräusche hört oder neue Gäste kommen. Die angeborene Wachsamkeit der Spitze ist verständlicherweise eine Eigenschaft, die von Außenstehenden weniger geschätzt wird. So bin ich es gewöhnt, mich immer wieder für sein Bellen zu entschuldigen und ihn zur Ruhe zu bringen. Von einem Gast mit Crocodile-Dundee-Lederhut und urig ausgebautem VW-Transporter erhalte ich daraufhin eine Antwort, die mich zum Nachdenken bringt. »Der macht nur seine Arbeit«, erklärt mir der Mann mit aufmunterndem Kopfnicken. »Lassen Sie ihn doch – dazu ist er da.«

Von da an sehe ich das Bellen unserer Hunde mit anderen Augen. Der Mann hat recht – ich weiß, dass Spitze früher hauptsächlich gehalten wurden, um das Hab und Gut ihrer Besitzer zu schützen. Auf einsamen Bauernhöfen – oder für Fuhrleute, die kostbare Waren transportierten – war solch ein wachsamer Hund ein unschätzbarer Helfer.

Natürlich versuche ich trotzdem auch in Zukunft, Rücksicht auf unsere Nachbarn zu nehmen und dafür zu sorgen, dass unsere Hunde nicht zu viel und zu unpassenden Zeiten bellen. Aber zu begreifen, dass sie im Grunde genommen nur das tun, was über viele Generationen hinweg von ihnen erwartet wurde und wofür sie gezüchtet wurden, hilft mir, manche Situationen mit anderen Augen zu sehen.

Ich muss in Zukunft öfter an die schlichte Aussage jenes Urlaubers denken: »Der macht nur seine Arbeit.« Und ich frage mich: Wie sieht es eigentlich mit mir aus? Erfülle *ich* die Aufgaben, die Gott mir in diesem Leben gegeben hat? Nutze ich die Gaben und Fähigkeiten, die er mir geschenkt hat? Erkenne ich überhaupt, welche Aufträge er für mich hat? Und wenn ich es erkenne – handle ich dann dementsprechend?

So wird dieser einfache Satz für mich zu einer kleinen Predigt. Oft, wenn meine Hunde unvermittelt losbellen, denke ich daran zurück und nehme die Situation zum Anlass, mich selbst zu prüfen.

Ich hoffe zuversichtlich,
meinen Hunden im Himmel wiederzubegegnen.

Otto von Bismarck

Ein hoher Preis

Die Episode auf dem Wohnmobil-Stellplatz erinnert mich an ein besonders eindrückliches Beispiel treuer Pflichterfüllung, von dem ich vor Kurzem in einem Spitzforum im Internet gelesen habe. Es hat sich Anfang des vorigen Jahrhunderts ereignet:

Am Ufer eines Bergbaches im Hunsrück lebte ein Müller mit seiner Familie. Sie besaßen einen Spitz, der die Aufgabe hatte, das Anwesen zu bewachen. Tagsüber durfte er frei herumlaufen, nachts jedoch war er an seine Hütte gekettet. Eines Nachts nun begann dieser Hund so aufgeregt und anhaltend zu bellen, dass der Müller und seine Frau aus dem Schlaf aufschraken. Sie merkten sofort, dass etwas nicht stimmte. Als sie aus dem Fenster schauten, stellten sie entsetzt fest, dass der Bergbach unvermittelt zu einem reißenden Strom angeschwollen war. Während der Spitz sich immer angstvoller gebärdete und wie toll an seiner Kette zerrte, stieg das Wasser unaufhaltsam an und drohte in kürzester Zeit das enge Tal auszufüllen. Dem Müller, seiner Frau und den Kindern gelang es in letzter Minute, sich durch ein Fenster im oberen Stockwerk zu retten. Der Hund jedoch ertrank in den Fluten. Ihn zu retten, war nicht mehr möglich gewesen – wenn jemand zu ihm hinuntergelaufen wäre, um ihn von der Kette zu lösen, wäre derjenige zusammen mit ihm ertrunken.

Die Müllersfamilie hat den braven Spitz, dem sie ihr Leben verdankte, niemals vergessen und lange um ihn geweint. Bis zum heutigen Tag wird diese Geschichte in dem kleinen Heimatmuseum der Ortschaft erzählt, in deren Nähe sich jene Geschichte damals ereignete.

Die Geschichte dieses treuen Hundes, der mit seinem Leben für die Rettung seiner Menschenfamilie bezahlt hat, rührt und erschüttert mich. Sie erinnert mich an das, was Jesus vor 2000 Jahren auf Golgatha getan hat: Er hat sein Leben dafür hingegeben, damit wir zu seiner Familie gehören können und für Zeit und Ewigkeit gerettet sind.

Er selbst hat gesagt: »Die größte Liebe beweist der, der sein Leben für die Freunde hingibt.« (Johannes 15,13)

Ich will dich unterweisen und dir den Weg zeigen,
den du gehen sollst;
ich will dich mit meinen Augen leiten.
Psalm 32,8 (L)

Im Bundeswehrwald

Es ist ein warmer Spätsommertag. Ich gehe mit Wolle und Fritzi durch einen waldigen Teil des Truppenübungsplatzes, den ich nur flüchtig kenne. Eigentlich bin ich bisher nur einmal hier gewesen – mit Claudia, die dieses Gebiet in- und auswendig kennt, weil es ihre bevorzugte Jogginggegend ist. Aber ich werde die Abzweigungen schon erkennen, die wir neulich genommen haben. Wäre doch gelacht, wenn ich das nicht allein hinbekäme. Besimmt wird mir auch der eine oder andere Spaziergänger begegnen, den ich fragen kann, falls ich mich doch verirren sollte. Außerdem habe ich einen guten Orientierungssinn, der mich bisher selten im Stich gelassen hat. Das Risiko ist also sehr gering.

Es ist ein bisschen schwül, aber im Halbschatten unter den Bäumen lässt es sich aushalten. Fröhlich marschieren wir vorwärts. Alles ist so ruhig und friedlich, dass ich nach ein paar Minuten beschließe, meinen MP3-Spieler einzuschalten. Ich stecke mir die Stöpsel in die Ohren und tauche in die Welt des spannenden Romans ein, den ich mir vor Kurzem, im Rahmen meines Hörbuch-Abos, heruntergeladen habe. Ich brenne darauf zu erfahren, wie die Geschichte weitergeht.

Gespannt verfolge ich, wie der Privatdetektiv sich auf die Spur des Verdächtigen setzt und sich bald darauf mit Mühe aus einer brenzligen Lage befreit, in die er unvermutet geraten ist. Hoffentlich passiert ihm nachher nichts, wenn er auf dem Rückweg über die Autobahn fährt… Denn vorhin hat sich jemand an seinem Wagen zu schaffen gemacht, als er kurz ausgestiegen war, um sich die aktuelle Tageszeitung zu besorgen…

An einer Weggabelung bleibt Fritzi stehen. Fragend schaut sie sich um – wie immer, wenn sie von mir wissen will, in welche Richtung wir weitergehen. *Oh*… ich blicke von rechts nach links und wieder zurück. Ich glaube, an dieser Weggabelung war ich noch nie. Jedenfalls kann ich mich nicht daran erinnern. Wohin soll ich jetzt gehen? Ich weiß nicht, ob nach rechts oder nach links richtig ist. Vielleicht gehen wir einfach wieder zurück? Das wäre wohl das Sicherste. Aber Wolle mag es nicht, wenn wir beim Spaziergang umkehren. Das findet er langweilig – und außerdem habe ich dann in seinen Augen als Rudelführerin versagt, weil ich dadurch seiner Ansicht nach eingestehe, dass ich mich verirrt habe. Umkehren geht also nicht.

Von vorn höre ich gedämpften Verkehrslärm, was darauf hindeutet, dass dort in der Ferne die Bundesstraße vorbeiführt. Das ist zumindest eine grobe Orientierung, die mich dazu veranlasst, mich für rechts zu entscheiden. Ich schalte mein Hörbuch aus, um mich besser auf den Weg konzentrieren zu können. Immerhin scheint er irgendwo hinzuführen, denn er ist recht breit, und die Hunde schnuppern interessiert, was darauf hindeutet, dass hier in letzter Zeit noch mehr Menschen – und Hunde – spazieren gegangen sind. Nach einigen Minuten stoße ich auf eine Abbiegung, die mir irgendwie bekannt vorkommt. Ja, hier müssen wir nach links, ich bin mir ziemlich sicher. Zuversichtlich laufe ich weiter.

Wolle scheint sich nicht so sicher zu sein, dass wir richtig sind – er bleibt stehen und schaut mich zweifelnd an. Aber als ich ihm etwas von »zum Auto, nach Hause fahren, Futter machen« erzähle, trottet er folgsam weiter.

Nach etwa zwanzig Minuten endet der Weg auf einer kleinen Lichtung. Ein Häufchen Asche, einige leere Flaschen und ein paar Papiertaschentücher im Gebüsch lassen darauf schließen, dass es sich hier wohl um einen kleinen Insidergrillplatz handelt … Jedenfalls führt nur ein Weg auf diese Lichtung – der, den wir gerade gekommen sind.

Die Hunde schnuppern ein bisschen herum und fragen mich mit ihren Blicken, wie es jetzt weitergeht.

Das frage ich mich selbst auch. Allmählich wird es kühler, und ein Blick auf die Uhr sagt mir, dass Gerhard mich demnächst zu unserer abendlichen Gebetsstunde erwarten wird. Ich hole mein Handy heraus und rufe zu Hause an. Er geht nicht dran – vielleicht ist er im Garten. In der Hoffnung, dass ihm beim Hereinkommen das blinkende Display auffällt, spreche ich auf den Anrufbeantworter, dass ich mich im Bundeswehrwald verlaufen habe und gerade nicht weiß, wie ich wieder herausfinde und wann ich zu Hause bin.

Dann versuche ich nachzudenken. Die Bäume um die Lichtung herum stehen nicht besonders dicht. Wenn ich in gleichbleibendem Abstand parallel zur Bundesstraße durch den Wald gehe, müsste ich eigentlich dorthin gelangen, wo ich mein Auto abgestellt habe. Also marschieren wir weiter. Anfangs geht es ganz gut, aber bald wird das Unterholz dichter. Schließlich wird das Vorwärtskommen so mühsam, dass ich Fritzi tragen muss. Sie streikt angesichts des Gestrüpps, das ihr den Weg versperrt. Wolle kämpft sich mühsam hindurch. Während wir uns tapfer vorwärtsbewegen, muss ich daran denken, dass Jesus gesagt hat: »Ich bin der Weg.« Ich habe das schon so oft gehört, dass ich kaum noch darüber nachgedacht habe. Aber jetzt begreife ich ganz neu, wie großartig das ist – dass Jesus uns einen Weg durch dieses Leben hindurch gebahnt hat, einen Weg ins Licht, einen Weg nach Hause. Dankbar bete ich: »Herr Jesus, danke, dass du gekommen bist, um mich auf den richtigen Weg zu führen. Einen Weg, auf dem ich laufen kann, ohne mich an Dornen zu verletzen. Einen Weg, der in die richtige Richtung führt. Danke, dass *du selbst* dieser Weg für mich geworden bist. Und bitte, Herr – zeig mir nun auch den Weg zurück zum Parkplatz.«

Ich gehe weiter, und nach einigen Minuten stoße ich tatsächlich auf einen Weg. Er ist ordentlich ausgetreten, und bald darauf bin ich in bekanntem Gelände. Wenige Minuten später sind wir am Auto, und ich komme sogar noch rechtzeitig zum Gebet nach Hause.

»Bin ich etwa nur ein Gott, der in der Nähe ist?«,
spricht der Herr.
»Bin ich nicht auch ein Gott in der Ferne?«

Jeremia 23,23

Nah – und fern!

In meinem E-Mail-Postfach finde ich eine Einladung vom Verein »Liebhaber des Deutschen Spitzes e. V.«. Das Treffen soll am 1. September 2012 in Prüm in der Eifel stattfinden. Das ist zwar ein ganzes Stück zu fahren, aber ich könnte die Reise mit einem Besuch bei meiner Tochter Pauline verbinden, die in Düsseldorf studiert. Also melde ich mich an und frage die mir bis dahin unbekannte Schriftführerin des Vereins, ob sie mir eine günstige Pension zur Übernachtung empfehlen könnte, in der auch meine Hunde willkommen sind. Dazu ist sie gern bereit und bietet mir sogar an, für mich zu buchen und den Schlüssel abzuholen. Gern nehme ich das Angebot an – wie nett von ihr, so habe ich damit gar keine Arbeit.

Als ich einige Tage vor der geplanten Reise in meinem Losungsbuch die Seite mit dem 1. September aufschlage, lese ich den Monatsspruch »›Bin ich etwa nur ein Gott, der in der Nähe ist‹, spricht der Herr. ›Bin ich nicht auch ein Gott in der Ferne?‹« (Jeremia 23,23). Ich empfinde es wie eine persönliche Ermutigung Gottes, dass er mir für den Tag meiner Reise diesen Zuspruch schenkt. Ich freue mich darüber, in der Gewissheit zu fahren, dass Gott auch beim Spitztreffen und dem nachfolgenden Besuch in Düsseldorf mit mir sein wird.

Als ich am 1. September mit Wolle und Fritzi, ihren Schlafkörben und allem, was wir für die nächsten vier Tage benötigen, Richtung Norden aufbreche, ist herrliches Wetter. Ich genieße die Fahrt durch die frühherbstlichen Landschaften und komme ohne Zwischenfälle bei der urigen Skihütte in der Wolfsschlucht oberhalb von Prüm an. In entspannter Atmosphäre verbringen Menschen und Hunde einen ausgefüllten Tag. Wir schließen neue Bekanntschaften, führen angeregte Gespräche, machen einen Spaziergang und genießen am Nachmittag Salate, Grillfleisch und Kuchen. Als ich am Abend noch mithelfe, die Grillhütte wieder aufzuräumen, das Geschirr zu spülen und die Essensreste zu versorgen, denke ich an den Spruch aus dem Losungsbuch. Ich habe wirklich das Gefühl, dass Gott mir auch hier ganz nahe ist. Er hat meine Hunde und mich auf der Fahrt beschützt und uns einen rundum gelungenen Tag geschenkt. Ein wenig erschöpft von den vielen Eindrücken, freue ich mich nun auf eine erholsame Nacht im nahe gelegenen Hotel Tannenhof, bevor es morgen nach Düsseldorf weitergeht.

Aber bevor es so weit ist, hält Gott noch eine besondere Überraschung für mich bereit. Während ein paar Frauen darüber beratschlagen, was mit dem übrig gebliebenen Kuchen geschehen soll, sagt Alex, die freundliche Schriftführerin, einen Satz, der mich hellhörig werden lässt: »Also, diese beiden Platten und den Rührkuchen dort kann ich morgen in die Gemeinde mitnehmen. Da laden wir nach dem Gottesdienst immer zum Kaffeetrinken ein.«

Da ich dies auch aus meiner eigenen Gemeinde kenne, frage ich sie interessiert: »In was für eine Gemeinde gehst du denn?« – »In eine evangelische Freikirche«, antwortet sie bereitwillig und staunt nicht schlecht, als ich ihr erzähle, dass ich einer ähnlichen Glaubensgemeinschaft angehöre. Nun haben wir bereits so viele Stunden miteinander verbracht, und erst der übrig gebliebene Kuchen bringt es an den Tag, dass wir beide noch mehr miteinander teilen als die Liebe zu unseren Spitzen – den Glauben an den Gott der Bibel und seinen Sohn Jesus Christus. Sofort verabreden wir, dass Alex und ihr freundlicher Mann Harald mich am nächsten Morgen zum Gottesdienst abholen. Ich freue mich über die unverhoffte Gelegenheit, auch an diesem Sonntag einen Gottesdienst zu besuchen, obwohl ich es vor der Reise nicht geschafft hatte, im Internet nach einer entsprechenden Möglichkeit zu suchen.

Als ich am nächsten Morgen neben Alex im Gottesdienstraum der »Evangelisch-freikirchlichen Gemeinde Prüm« sitze, bin ich einfach nur glücklich. Es ist so schön, auch hier, so weit von zu Hause entfernt, unter Geschwistern zu sein und Gottes Nähe so deutlich zu spüren. Die selbst gemalten, mit Bibelversen hinterlegten Bilder an der Wand, die ansprechenden Musikstücke, die persönlichen Berichte verschiedener Gemeindeglieder, die einfache und doch so aufrüttelnde Predigt bewegen mich tief. Ich freue mich so darüber, dass Gott dies alles für mich vorbereitet hat und mir so deutlich zeigt, dass er wirklich nicht nur ein Gott in der Nähe ist, sondern auch ein Gott in der Ferne.

Nach dem gemeinsamen Kaffeetrinken, bei dem wieder manche angeregten Gespräche geführt werden und zu dem ich auch die im Auto wartenden Hunde holen darf, fahre ich mit leichtem Herzen weiter nach Düsseldorf.

Freundlich werden wir in Paulines Wohngemeinschaft willkommen geheißen und fahren dann erst einmal mit der Straßenbahn ins Stadtzentrum, um uns ein bisschen die Altstadt anzuschauen und die Rheinpromenade entlangzubummeln.

Als wir uns in einem Straßencafé niedergelassen haben, um uns kurz auszuruhen und mit einem kühlen Getränk zu erfrischen, hören wir plötzlich seltsame, unheimlich klingende Geräusche, die allmählich näher kommen: das Rasseln von Ketten, dumpfe Trommelwirbel, kurze, seltsam abgerissene Klagelaute. Pauline kann sich denken, was das ist: die für diesen Nachmittag angekündigte Zombieparade.

Im nächsten Augenblick biegt der schaurige Zug um die Ecke. Männer und Frauen in halb zerrissenen, schwarzen oder weißen Kleidungsstücken und schweren Stiefeln – manche ziehen an Fußketten dicke Kugeln hinter sich her; andere sind mit rostigen Ketten aneinandergefesselt. Fast alle stieren mit gläsernen Blicken vor sich hin, laufen in gekrümmter Haltung und sind stark geschminkt. Täuschend echt wirken die aufgemalten klaffenden Wunden, aus denen Blut und Schleim auszutreten scheinen, die entstellenden Narben im Gesicht, die aus den aufgeschnittenen Bäuchen hervorquellenden Eingeweide.

Die Passanten staunen. Manche lachen, andere sind entsetzt. Hin und wieder tritt ein »Zombie« an einen Passanten heran, stößt unheimliche Geräusche aus, schneidet erschreckende Grimassen. Als sich ein junger Mann mit gequältem Gesichtsausdruck zu unserem Tisch herunterbeugt, uns in die Augen starrt und keuchend einen Fluch ausstößt, fahren die Spitze erschrocken auf und bellen ihn an. Mit einem, glücklicherweise nur angedeuteten Fußtritt, geht der Mann seines Weges.

Das Erlebnis macht mich betroffen. *Wieso schlüpfen Menschen freiwillig in solch eine Rolle?*, frage ich mich. *Welches Lebensgefühl mag dahinterstecken?* Für manche ist diese Parade bestimmt nur ein harmloser Spaß, eine willkommene Gelegenheit, mal ein wenig über die Stränge zu schlagen, sich in einer neuen Identität auszuprobieren. Dennoch wirkt der Umzug auf mich erschütternd. Es ist, als hätte ich unvermittelt einen Eindruck von der Hölle bekommen. Der Gegensatz zu dem wunderbaren Gottesdienst am Morgen ist so krass – mir ist, als hätte Gott mich, innerhalb dieses einen Tages, einen Blick in den Himmel und in die Hölle tun lassen.

Als ich später auf dem Rhein ein Kreuzfahrtschiff vorbeifahren sehe, fällt mir eine Geschichte ein, die mir kürzlich eine Tante erzählt hat, die ihre Kindheit hier in Düsseldorf verbrachte:

Eines Sonntags wollte die Familie einen besonderen Ausflug unternehmen und fuhr mit dem Auto zur Rheinpromenade. Dort buchten sie eine Fahrt mit dem Passagierschiff. Sie wollten einige Stationen flussaufwärts nach Köln fahren, und nach einer mehrstündigen Pause mit Stadtbesichtigung oder Einkaufsbummel, sollte es dann zurück nach Düsseldorf gehen. Der Familienhund, ein kleiner weißer Spitz namens Fips, durfte natürlich nicht fehlen und trottete ebenfalls mit aufs Schiff. Aber gerade als der Dampfer ablegen sollte, beschloss Fips anscheinend, dass es auf dem Schiff zu langweilig war und er dringend noch etwas am Ufer erledigen musste. Also lief er über die Gangway zum Landungssteg zurück. Genau in diesem Moment legte das Schiff ab, und die verdatterte Familie hatte das Nachsehen – Fips blieb am Ufer zurück, und seine Gestalt wurde, während das Schiff stromaufwärts glitt, kleiner und kleiner.

Nun war die Familie in heller Aufregung, aber der Kapitän wollte natürlich nicht umkehren, nur weil ein kleiner Hund zum falschen Zeitpunkt vom Schiff gelaufen war. So blieb der besorgten Familie nichts anderes übrig, als bei der nächsten Station auszusteigen und auf schnellstem Wege zum Ausgangsort zurückzukehren. Voller Angst und Aufregung machten sie sich am Rheinufer auf die Suche nach ihrem Spitz, der jedoch nirgends zu finden war. Schließlich beschlossen sie traurig und erschöpft, nach Hause zu fahren, und gingen zu dem Parkplatz, an dem sie ihr Auto abgestellt hatten. Wie groß war ihre Überraschung und Freude, als sie dort, neben ihrem Wagen den Ausreißer Fips vorfanden! Der clevere Spitz hatte sich offensichtlich zu helfen gewusst und war, nachdem seine Familie mit dem Schiff davongefahren war, einfach zum Parkplatz gelaufen und hatte sich neben das Auto gelegt. Seine Erfahrung hatte ihm wohl gesagt, dass seine Leute schon irgendwann dorthin zurückkehren würden.

Nachdem ich Pauline die Geschichte erzählt habe, und wir beide herzlich lachen, habe ich das mulmige Gefühl, das die Zombie-Parade in mir hinterlassen hat, endgültig abgeschüttelt.

Am Abend legen wir für mich eine Matratze in Paulines Zimmer und stellen die Schlafkörbe der Hunde auf. Ich fühle mich in meine eigene Studienzeit zurückversetzt, die mir plötzlich gar nicht mehr so weit entfernt scheint. Ich staune darüber, wie viel seither geschehen ist, und voller Dankbarkeit für all das, was Gott in meinem Leben getan hat, schlafe ich ein.

Gott ist größer als unser Herz und weiß alles,
er kennt unser Bemühen wie unsere Grenzen.

1. Johannes 3,20 (GN)

Fehler machen erlaubt!

Endlich ist es warm geworden! Dieses Jahr war der Winter so lang und so kalt …

Claudia und ich wollen den sonnigen Tag mit einem Spaziergang im Naherholungsgebiet feiern. Der Frühling ist so plötzlich gekommen. Auf einmal haben wir 26 Grad – da werden die Spitze mit ihrem dichten Fell für ein erfrischendes Bad dankbar sein.

Als wir aus dem Auto steigen, sehen wir schon ein paar Erholungssuchende mit Decken auf der Wiese liegen. Die Vögel singen ihr Frühlingslied, die Weiden am Seeufer tragen einen zarten, grünen Flaum.

Begeistert drehen die Hunde ihre Kreise auf der Wiese, jagen sich spielerisch, wälzen sich im Sand. Dann rennen sie in den See.

Erst als es bereits zu spät ist, sehe ich, dass das Wasser am Ufer nicht klar ist wie sonst. Es hat eine unnatürliche, giftig braune Farbe, als sei eine chemische Flüssigkeit eingeleitet worden. Es riecht nicht, aber es ist klebrig. Leider sind die Hunde schon drin. Schnell rufe ich sie wieder heraus. Wir gehen ein paar hundert Meter weiter zum nächsten See. Hier ist das Wasser in Ordnung, und wir locken die Hunde hinein, damit sie wieder sauber werden. Aber sie fühlen sich nicht schmutzig, planschen nur ein wenig am Ufer herum. Claudia hält Milli fest und wäscht sie mit den Händen. Fritzi hat kaum etwas von der Farbe abbekommen – ihre Pfoten sind gleich wieder weiß. Ich nehme ein kleines Holzstück, um es für Wolle hineinzuwerfen. Nicht zu weit, damit er sich nicht unterkühlt. Aber wenn er jetzt ein Stückchen schwimmt, werden sein Bauch und seine Beine wieder sauber.

Während ich das Stöckchen hochhalte und ein wenig aushole, packt Wolle die Ungeduld. Er springt hoch, will das Stöckchen fassen und schlägt mit den aufgerissenen Kiefern an mein Handgelenk. Es tut furchtbar weh. Ich schreie auf und schimpfe mit ihm – erschrocken sieht mich der Kleine an. Auf meiner Haut zeichnet sich der Abdruck von drei spitzen Zähnen ab. Mir ist die Lust zum Spielen vergangen –

lahm werfe ich das Holzstück ins Wasser und Wolle holt es zurück. Immerhin ist er jetzt wieder sauber. Bevor er weiterläuft, schaut er mich unsicher an. Ob wohl zwischen uns alles in Ordnung ist? Ich weiß ja, dass er mich nicht beißen wollte. Er wollte nicht mein Handgelenk erwischen, sondern das Hölzchen. Es war nur die Aufregung, die Begeisterung, die ihn übermannt hat. Ich hätte ihn besser im Blick behalten müssen – ich kenne ihn doch. Ich hätte ihn anschauen müssen, statt gedankenlos auf die Bäume und die Wasseroberfläche zu blicken. Er ist schließlich nur ein Tier, ganz von seinen Gefühlen gesteuert. Und er hat so lange nicht mehr baden und Stöckchen holen dürfen. Ich verstehe ihn …

»Ist schon gut, Bärchen«, sage ich matt. »Lauf nur weiter, es geht schon wieder.«

Erleichtert trottet er davon.

Nach dem Spaziergang schaue ich im Badezimmer in den Spiegel. Die Sonne hat ein bisschen Farbe auf mein blasses Gesicht gezaubert. Ich verziehe den Mund und betrachte die kleine, kreuzförmige Narbe auf meiner Unterlippe, die man nur sieht, wenn ich lächle.

Als sie mir zum ersten Mal auffiel, vor vielen Jahren, als ich noch ein kleines Mädchen war, erzählten mir meine Eltern die dazugehörige Geschichte:

Gerade einmal ein gutes Jahr alt, stand ich auf unsicheren Kinderbeinen auf dem Kiesparkplatz des Ausflugslokals, das meinen Eltern gehörte. Ada, unsere Schäferhündin, lief freudig auf mich zu, begrüßte mich stürmisch – und warf mich um. Meine Lippe platzte auf und blutete, und ich weinte. Meine Eltern hoben mich hoch, beruhigten und trösteten mich. Sie fuhren mit mir zum Arzt, und er nähte die Lippe. Ada bestraften sie nicht – ein paar tadelnde Worte genügten. Sie war ja nur ein Tier, eine lebhafte junge Hündin, die von ihrem Temperament überwältigt worden war ...

Seit ich die Ursache dieser kleinen Narbe erfuhr, trage ich sie mit Stolz. Sie ist für mich eine sichtbare Erinnerung an Ada, die mich lieb hatte, und daran, dass meine Eltern trotz ihres Schreckens, Verständnis für ein Lebewesen aufbrachten, das nicht dieselbe Kontrolle über seine Gefühle besaß wie sie.

Wie dankbar bin ich dafür, dass Gott, der mich geschaffen hat, mich durch und durch kennt und versteht. Nichts von dem, was ich tue, kann ihn überraschen oder aus der Fassung bringen. Er ist jederzeit bereit, mir zu verzeihen und mit mir weiterzumachen – solange ich den Wunsch habe, bei ihm zu bleiben, wird er mich niemals fallen lassen.

Nichts kann mich von seiner Liebe trennen – auch meine Fehler nicht.

Kein Psychiater der Welt kann es mit einem kleinen
Hund aufnehmen, der einem das Gesicht leckt.

Unbekannter Verfasser

Ganz anders und
doch gleich viel wert

Immer wieder staune ich darüber, wie unterschiedlich unsere drei Hunde sind, obwohl sie ein und
derselben Rasse angehören. Im Haus, bei Spaziergängen und bei der Begegnung mit Fremden verhält
sich jeder auf die ihm eigene, unverwechselbare Art.
Besonders deutlich zeigt sich ihr unterschiedliches
Verhalten in Bezug darauf, wie sie ihre Liebe zum
Ausdruck bringen.

Wolle zeigt mir seine Liebe zum Beispiel so: Wenn
ich vom Einkaufen nach Hause komme, stürzt er
voller Begeisterung auf mich zu, stützt die Vorder-
pfoten auf meine Beine und »strahlt« über das ganze
Gesicht. Er zieht die Oberlippe zurück und entblößt
seine Schneidezähne, sodass es wirklich so aussieht,
als würde er lachen. Er umkreist mich, hüpft hin
und her, und wenn ich meine Handschuhe auszie-

he, versucht er sie zu schnappen und übermütig zu schütteln wie ein Beutetier. Er wirft sich auf den Boden, rudert mit den Beinen, rollt sich hin und her, springt von Neuem auf, rennt ins Wohnzimmer und kommt wieder zurück … mit anderen Worten: Er begrüßt mich äußerst stürmisch und lässt keinen Zweifel daran aufkommen, dass meine Rückkehr für ihn die beste Nachricht seit der Erfindung der Kauknochen ist. Wenn dann jedoch der Normalzustand wiederhergestellt ist, und er sich daran gewöhnt hat, dass sein Frauchen zu Hause ist, zeigt er seine Liebe auf viel ruhigere Weise – zum Beispiel dadurch, dass er mir wie ein stiller Schatten von einem Zimmer ins andere folgt. Er legt sich unter den Küchentisch und beobachtet, wie ich die Spülmaschine ausräume, geht mit ins Bad, wenn ich meine Zähne putze, legt sich vor den Schreibtisch, während ich am Computer sitze, und neben mich aufs Bett, wenn ich gemütlich mit meiner Freundin telefoniere. Er weiß immer, wo ich bin, und hält sich unaufdringlich in meiner Nähe auf.

Fritzi dagegen zeigt ihre Liebe auf ganz andere Art. Wenn ich nach Hause komme, versucht sie, auf meinen Schoß zu springen, während ich auf der

Treppe sitze, um die Schuhe auszuziehen. Bleibe ich dazu im Flur stehen, drängt sie sich zwischen meine Hände und die Schnürsenkel, wenn ich diese aufziehen will. Wenn ich mich dadurch nicht von meinem Vorhaben abbringen lasse, hypnotisiert sie mich so lange mit ihren Blicken, bis ich begriffen habe, dass ich mich nun erst einmal für ein paar Minuten aufs Sofa setzen muss, um sie auf den Schoß zu nehmen, ausgiebig zu streicheln und so ihren leeren »Liebestank« wieder aufzufüllen. Wenn sie sich tagsüber oder abends beim Fernsehen unvermittelt nach Liebe sehnt, wirft sie sich einfach auf den Rücken, bleibt reglos und hingegeben liegen und signalisiert mir dadurch: »Bitte streichle mich.« Wenn sie jedoch das dringende Bedürfnis hat, selbst Liebe zu verschenken, schmiegt sie sich an mich, wirft ihr kleines Hinterteil hin und her und versucht fortwährend, mir Gesicht und Hände zu schlecken.

Wieder anders verhält sich Milli – als Rangniedrigste des Rudels ist sie es gewöhnt, geduldig abzuwarten, wenn die beiden anderen uns Menschen begrüßen. Sie kommt jedoch sofort freudig herbei, wenn man ausdrücklich ihren Namen ruft. Auch sie versucht oft, mir Streicheleinheiten zu entlocken, indem sie sich auf den Rücken legt und so unwiderstehlich aussieht, dass man einfach nicht an ihr vorübergehen kann. Manchmal jedoch – zum Beispiel beim Gespräch mit Freunden oder beim abendlichen Fernsehen, stupst sie mich heftig und fordernd an, um mir zu signalisieren, dass sie jetzt dringend Aufmerksamkeit und Liebe braucht. Wenn ich dann früher zu streicheln aufhöre, als es ihr recht ist, ist sofort die kleine, kalte Nase da, die mir unmissverständlich signalisiert: »Weitermachen, bitte!«

Ich freue mich über alle drei Hunde und ihre ganz unterschiedlichen, kreativen Arten, mit mir in Beziehung zu treten und mir ihre Liebe – und ihre Bedürftigkeit – zu zeigen. Früher habe ich mich immer wieder einmal gefragt, wie Gott es wohl findet, dass es so viele unterschiedliche christliche Gemeinden, Glaubenserfahrungen und Gottesdienstformen gibt. Heute bin ich davon überzeugt, dass Gott sich über sie alle gleichermaßen freut. Er hat keine »Lieblingskinder« – er hat ja jeden von uns in seiner Einzigartigkeit erschaffen. Er freut sich ebenso über unseren enthusiastischen Lobpreis wie über unsere stille, innige Anbetung. Er liebt unsere himmelstürmenden

Gebete genauso sehr wie unsere demütigen Bitten und unsere schweigende Ergriffenheit. Er macht uns keine besonderen Vorschriften darüber, wie wir mit ihm reden und unsere Liebe zum Ausdruck bringen sollen – es ist völlig in Ordnung für ihn, wenn wir einfach so zu ihm kommen, wie wir sind.

Wer ihn fragt, soll auch wirklich mit
seiner Antwort rechnen!
Jakobus 1,6

Aus dem Fenster gelehnt

Der Winter macht mir schwer zu schaffen. Ich tue, was ich kann, um meinen Hunden zu geben, was sie brauchen – aber ich bin keine Heldin.

Es ist Anfang November, kalt und nass, und das wöchentliche Agility-Training auf dem Hundeplatz fällt mir immer schwerer. Wolle liebt es so sehr, zu zeigen, was er kann. Seine Augen leuchten, wenn er eine neue Übung lernt – wenn er durch den Tunnel flitzt, wenn sein kleiner Körper über die Hindernisse fliegt, wenn er gelobt wird und seine Trainerinnen und mich zum Staunen bringt. Die wöchentlichen Trainingsstunden sind die absoluten Höhepunkte seines Lebens. Es bedeutet mir so viel, ihm diese Freude machen zu können.

Aber nun wird es Woche um Woche früher dunkel, und bei Flutlicht auf dem Platz zu stehen, mit steif gefrorenen Händen Hindernisse aufzubauen und Tunnel zu schleppen – das ist wirklich schwer. Ich frage mich, wie lange ich das noch durchhalten kann, und denke immer wieder darüber nach, das Training aufzugeben oder zumindest eine Winterpause zu machen.

Wie so oft, wenn mir eine Situation unlösbar scheint, bringe ich die Sache vor Gott. Ich kann mir zwar, wenn ich ehrlich bin, auch nicht vorstellen, was Gott da machen könnte – aber vielleicht fällt ihm ja doch eine Lösung ein? Zumindest kann er mir helfen, eine Entscheidung zu treffen, und mir dann auch Frieden schenken, damit ich sie nicht immer wieder infrage stelle. Denn dazu neige ich von Natur aus leider sehr.

Während ich, statt zu übersetzen, die neusten Nachrichten auf Facebook durchstöbere und mich im Hinterkopf mit der Frage herumplage, ob ich nun heute Abend zum Training fahren soll oder nicht, bekomme ich eine Nachricht von einer Bekannten, die gerade online ist. Sie geht ebenfalls zum Agility-Kurs und fragt mich, ob das Training heute stattfindet. Das kann ich bejahen, schreibe ihr aber auch, dass ich noch nicht weiß, ob ich komme. Ich erkläre ihr mein grundsätzliches Dilemma und erwähne zum Schluss, dass ich zwar keinen Ausweg weiß, aber wegen der Sache bete.

Im Nachhinein fühle ich mich ziemlich elend. Was habe ich da nur angerichtet? Jetzt habe ich mich ziemlich weit aus dem Fenster gelehnt. Wie stehe ich da, wenn ich keine Lösung finde? Und noch schlimmer – wie steht dann Gott da?

O Herr, bete ich ziemlich resigniert. *Jetzt habe ich den Mund zu voll genommen. Bitte verzeih. Aber vielleicht fällt dir ja trotzdem etwas ein?*

Wenig später weist mich mein E-Mail-Programm darauf hin, dass es auf Facebook eine Nachricht der Agility-Gruppe des Hundesportvereins gibt. Neugierig schaue ich nach und kann kaum glauben, was ich lese: Unsere Trainerinnen haben für die Wintermonate eine Hundesporthalle in der Nähe gebucht. Wer will, kann ab sofort dort trainieren. Ich bin sprachlos. Ich habe noch nie davon gehört, dass es solch eine Hundesporthalle überhaupt gibt. Sofort melde ich mich an – die zusätzlichen 5 Euro pro Abend bezahle ich gern, wenn ich dafür im Trockenen trainieren kann und nicht frieren muss. So kann ich es Wolle weiterhin ermöglichen, seine wöchentlichen Glücksmomente zu genießen.

Den ganzen Winter über denke ich jede Woche, wenn ich mich auf den Weg zum Training mache, voller Dankbarkeit daran, dass ich Gott wirklich in *allen* Dingen um Rat und Hilfe bitten kann. Wie groß oder klein meine Anliegen auch sein mögen, es ist genau so, wie es in dem Lied heißt, das wir so oft im Gottesdienst singen: »*God will make a way, where there seems to be no way* ...«[1]

Und irgendwie werde ich den Gedanken nicht los, dass Gott schon damals, als irgendjemand auf die Idee kam, eine Hundesporthalle zu eröffnen, an Wolle und mich gedacht hat. Und dass er bei der Vorstellung, wie sehr er mich eines Tages mit dieser Problemlösung verblüffen würde, verschmitzt schmunzeln musste ...

---

[1] Gott wird einen Weg bahnen, wo es keinen Weg zu geben scheint.

Ihr dürft köstliche Speisen genießen
und euch satt essen.
Jesaja 55,2 (Hfa)

Genuss ohne Reue

Ich staune immer wieder, wenn andere Hundebesitzer mir erzählen: »Unser Hund hat den ganzen
Tag eine Schüssel mit Futter im Flur stehen. Er isst
dann davon, wann er will – manchmal schon morgens nach dem Spaziergang, manchmal aber auch
erst am Nachmittag oder in der Nacht. Er nimmt
nur so viel, wie er braucht – er überfrisst sich nie.«

Von solch einem Szenario kann ich nur träumen.
Meine Spitze haben einen gesegneten Appetit. Sie
futtern immer alles auf, was in ihren Schüsseln ist.
Und wenn sie das ganz, ganz ausnahmsweise einmal nicht tun, ist das ein sicheres Zeichen dafür,
dass sie krank sind.

So ist das einfach – Essen ist für sie das Schönste,
was das Leben bereithält.

Ich sehe es auch beim wöchentlichen Training
auf dem Hundeplatz: Die anderen Hunde im Verein

lassen sich mit Spielzeug belohnen, wenn sie eine Übung absolviert haben. Enthusiastisch rasen sie hinter einem Bällchen her, wenn sie durch den Tunnel gerannt oder über ein Hindernis gesprungen sind. Mein Wolle lässt sich von so etwas überhaupt nicht motivieren. Wenn ich es schon versucht habe, hat er mich angesehen, als hätte ich unvermittelt den Verstand verloren. Belohnung ist für ihn immer mit Essen verknüpft. Ich betrete den Übungsplatz also stets mit einer zum Bersten gefüllten Gürteltasche voller Emmentaler-Stückchen; statt Bällchen oder Beutespielzeug fliegen bei mir nach erfolgreich absolviertem Parcours Käsewürfel durch die Luft.

Eines Tages bereiten wir uns wieder auf die wöchentliche Trainingsstunde vor. Während ich die Käsewürfel schneide, verfolgen die Hunde jeden meiner Handgriffe und warten geduldig auf das eine oder andere Reststückchen, das ich ihnen zuwerfe. Dann suche ich die Leinen und Halsbänder, und weitere Trainingsutensilien wie Klicker und Frisbeescheibe zusammen, und bevor wir uns aufmachen, lege ich alles – auch die mit den Käsewürfeln gefüllte Gürteltasche – kurz auf die Treppe und gehe ins

Bad. Als ich wieder herauskomme, hockt Wolle auf der Treppe, die Nase in den Futterbeutel vergraben. Ich ahne schon, was passiert ist. »Wolle!«, rufe ich empört, und mein Kleiner sieht sich erschrocken um. Seine Augen glänzen, und er leckt sich verzückt das Mäulchen. Es ist, wie ich vermutet habe: In der Eile habe ich vergessen, den Reißverschluss zuzuziehen. Wolle hat den ganzen Trainingskäse aufgegessen.

Seufzend schneide ich eine neue Ration zurecht. Immerhin dauert es noch einige Zeit, bevor das Training beginnt – ich möchte auf dem Weg noch eine Freundin besuchen und ihr kürzlich geborenes Baby anschauen. Vielleicht hat Wolle in der Zwischenzeit den Käse verdaut und lässt sich wieder zum Training motivieren.

Der kleine Simon ist wirklich ein süßes Kind. Während seine Mutter mir ausführlich von der Geburt und ihrem neuen Leben mit dem Kleinen zu Hause berichtet, begibt Wolle sich mit *Stevie*, dem betagten Chihuahua-Rüden der Familie, auf Erkundungstour durchs Haus. Nach einiger Zeit erst fällt mir auf, dass die Hunde nicht mehr zu sehen und zu hören sind, und ahnungsvoll frage ich: »Habt ihr hier irgendwo Futter herumstehen?« Ramona nickt: »Ja, Stevies Futter steht den ganzen Tag in der Schüssel, und er frisst es, wenn er Hunger hat.« *Wieder so ein Wunderhund*, denke ich, während sein Frauchen mit mir auf die Suche nach den Hunden geht. An Stevies Futterplatz angekommen, sehen wir, dass seine Schüssel leer ist. Sie glänzt förmlich, so sauber ist sie geleckt. Gut, ich hatte es ja schon befürchtet – aber wo sind die Hunde?

»Vielleicht im oberen Stockwerk bei meiner Mutter«, vermutet Ramona. Und erwähnt zaghaft, dass Stevie dort noch eine Futterschüssel mit Trockenfutter stehen hat. Tatsächlich, die Hunde sind da. Stevie schaut gönnerhaft zu, wie Wolle sich zufrieden über das Maul schleckt. Offensichtlich hat er gerade die letzten Brocken heruntergeschluckt – auch diese Schüssel ist leer und blitzblank.

Wolles Bauch muss zum Platzen voll sein – bestimmt hat er jetzt keine Kraft mehr zum Training und erst recht keine Motivation …

Trotzdem fahre ich nach dem Besuch noch zur Hundesporthalle, wir können es ja immerhin probieren. Als der Parcours aufgebaut ist, die Hunde sich ein wenig warmgelaufen haben und die erste Trainingsrunde beginnt, ist Wolle mit gewohnter Begeisterung dabei. Er verschlingt die Käsewürfel, die ich ihm zaghaft zuwerfe, so heißhungrig, als hätte er seit Tagen nichts mehr zu essen bekommen.

Irgendwie finde ich es herzerfrischend, dass der Kleine solch einen gesegneten Appetit hat – und vor allem, dass er keine Sekunde darüber nachzudenken braucht, ob er ihm nachgeben soll oder nicht. Er futtert einfach, was da ist, genießt es und denkt nicht an später. *Vielleicht sollte ich mir manchmal ein Beispiel daran nehmen,* denke ich, *und ab und zu ein bisschen über die Stränge schlagen, ohne darüber nachzudenken, wie viele Kalorien ich mir gerade einverleibe und ob ich mir das überhaupt »leisten« kann.*

Mit Geld kann man einen wirklich guten
Hund kaufen – aber nicht sein Schwanzwedeln.

Josh Billings

Erste Liebe

Wieder einmal ist es Zeit zum Aufstehen. Für mich ist das jedes Mal eine gute Nachricht – während der Jahre, in denen meine Kinder geboren wurden und aufwuchsen, habe ich gelernt, mit wenig Schlaf auszukommen. Nun bin ich daran gewöhnt, obwohl sie alle längst erwachsen sind. Ich bin immer froh, wenn der Wecker auf 6.00 Uhr oder wenigstens auf 5.30 Uhr zeigt – das ist dann eine halbwegs zivile Zeit, um aus dem Bett zu krabbeln.

Heute ist es sogar schon 6.30 Uhr – ich bin richtig stolz darauf, so lange geschlafen zu haben. Während in der Küche die Kaffeemaschine zu blubbern beginnt, sieht mein treuer Schatten Wolle zu, wie ich in der Zwischenzeit schon mal die Spülmaschine ausräume. Als der Kaffee durchgelaufen ist, nehme ich meinen Becher und stecke mir noch drei der selbst gebackenen Hundekekse ein. Gestern habe ich ein Blech mit Thunfischplätzchen gebacken – die lieben meine Hunde ganz besonders. Ehrlich gesagt, bin ich schon manchmal ausgelacht worden, wenn ich zugegeben habe, dass ich die Kekse für die Hunde selbst mache. Aber so weiß ich, was darin ist, und außerdem ist es billiger. Und lecker schmecken sie auch. Ich habe sie nämlich probiert ...

Sobald ich den Kaffeebecher in der Hand habe, und die Kekse in meiner Bademanteltasche verschwunden sind, rennt Wolle die Treppe hinauf. Er weiß genau, was jetzt kommt. Die beiden Hündinnen warten im Schlafzimmer – sie wissen, dass ich wieder nach oben komme, auch wenn sie mich nicht in die Küche begleiten.

Genau in dem Moment, als ich den dreien ihr Leckerchen geben will, rollt Fritzi sich auf den Rücken und streckt mir auffordernd ihren kleinen weißen Bauch entgegen. Ich weiß schon, was sie mir damit sagen will: *Streichle mich!*

Ich stelle meinen Kaffee ab und gehe auf ihre Bitte ein. *So viel Zeit muss sein*, denke ich. Auch wenn die anderen beiden dann noch ein Weilchen auf ihren Keks warten müssen. Nachdenklich und ein bisschen gerührt streichle ich über das warme, weiche Hundebäuchlein. Diese kleine Hündin – nun hat sie mir schon wieder eine Predigt gehalten: Mit ihrer Geste hat sie mir gezeigt, dass meine Liebe ihr wichtiger ist als meine Kekse. Dass ihr mein Streicheln, meine Nähe und meine liebevollen Worte mehr bedeuten als meine Geschenke. Dass sie mich selbst dringender braucht als das, was ich ihr mitgebracht habe. Das zu erkennen – wieder einmal zu erkennen – bewegt mich sehr. Schon oft habe ich gehört und gelesen, dass unsere erste Priorität sein soll, Gott selbst und nicht seine Gaben zu suchen. Dass es uns in erster Linie um *ihn selbst* gehen soll und erst in zweiter Linie um das, was er für uns tun kann. »Sucht Gottes Angesicht, nicht seine Hand!«, habe ich einmal in einer Predigt gehört. Ich meine, einfacher und prägnanter kann man es kaum sagen.

Und meine kleine Hündin, für die Essen eigentlich das Größte auf der Welt ist, hat mir mit ihrer stummen Geste gezeigt, dass es da etwas gibt, das ihr *noch* mehr bedeutet als Futter: Meine Liebe.

Jetzt brauche ich mein Losungsbuch eigentlich gar nicht mehr aufzuschlagen – mein »Wort zum Tag« habe ich jedenfalls schon gehört …

»Bitte hilf mir, Herr, dich mehr zu lieben als alles andere auf der Welt«, bete ich. »Du selbst sollst mir wertvoller sein als alles, was du für mich tust.«

*Der ewige Gott ist eure Zuflucht und unter euch
sind seine ewigen Arme.*

5. Mose 33,27

Gut aufgehoben

Sechs dunkle Augen schauen mich mit hypnotisierenden Blicken an, während ich mir den Kopf über der Übersetzung einer komplizierten Textstelle zerbreche. Ich schaue auf die digitale Zeitanzeige auf meinem Computerbildschirm – es ist vier Minuten vor zwölf. Ihre innere Uhr sagt unseren Hunden, dass es Zeit ist, in den Garten zu gehen. Das ist die tägliche Routine: Wenn mein Mann von der Arbeit heimkommt, gehen wir eine halbe Stunde mit den Hunden in den Garten. So können sie draußen noch ein bisschen spielen und etwaige Geschäfte erledigen, bevor sie ihr Futter bekommen, und danach allgemeine Mittagspause angesagt ist.

Ich fahre den Computer herunter und lasse die Hunde hinaus. Draußen setzte ich mich auf einen Gartenstuhl, freue mich über das regennasse Grün unseres Rasens, die duftenden Blüten der Fliedersträucher und den Anblick der grauweißen Wolken, die langsam über den hellblauen Himmel ziehen. Während eine Singdrossel ihr Frühlingslied in mein Herz singt, kommt Gerhard durchs Gartentor. Freudig bellend hüpfen die Hunde um ihn herum.

Gerhard setzt sich zu mir auf den zweiten Stuhl, und während wir einander davon berichten, wie unser Vormittag verlaufen ist, kommt Fritzi zu mir gelaufen. Ihr Blick und ihre Körperhaltung sagen mir, dass sie im nächsten Moment versuchen wird, auf meinen Schoß zu springen.

Ich weiß, dass sie das nicht schafft – jedenfalls nicht allein. Fritzi hat eine Kniegelenkschwäche, die bei kleinen Hunderassen öfter auftritt. Sie hat keine Beschwerden, aber sie kann nicht so hoch springen wie ihre Rudelgefährten.

Also tue ich, was ich in dieser Situation immer tue: Sobald Fritzi zum Sprung ansetzt, breite ich die Arme aus, greife mit den Händen unter ihren Körper und hebe sie zu mir herauf. Während sie es sich in ihrer erhöhten Position bequem macht und aufmerksam auf die Straße schaut, wo sich gerade die Briefträgerin nähert, wische ich ihr ein bisschen Sand aus den Augen und kraule ihr weiches Nackenfell.

Jedes Mal, wenn Fritzi losspringt, um auf meinen Schoß zu kommen, und ich sie dann im Sprung von unten fasse und zu mir heraufhebe, muss ich an eine Zeile aus einem Lied von Joe Cocker denken, die mich sehr berührt: »*Love lifts us up where we belong ...*«[2]

Diese Worte, die sich auf einem strahlenden Durakkord wie auf einer Himmelsleiter in die Höhe schwingen, sind für mich ein wunderschönes Bild für die Liebe Gottes: Ebenso wie Fritzi, nur in dem festen Vertrauen darauf, dass ich sie fassen und zu mir heraufheben werde, losspringen kann, kann auch ich nicht aus eigener Kraft zu meinem himmlischen Vater gelangen. Es sind seine Arme, die mich auffangen – es ist seine Liebe, die die Distanz zwischen uns überbrückt und mich zu ihm emporhebt.

Nachdenklich schaue ich in den Himmel, an dem die Wolkendecke inzwischen dichter geworden ist. Ganz weit oben, in einer blassblauen Wolkenlücke, kreisen drei Greifvögel. Und plötzlich fällt mir ein, wie das Lied weitergeht: »Die Liebe hebt uns hinauf, wo wir hingehören – wo die Adler auf den hohen

---

[2] Die Liebe hebt uns hinauf, wohin wir gehören ...

Bergen rufen. Die Liebe hebt uns hinauf, wo wir hingehören – hoch über diese Welt hinaus, dorthin, wo die klaren Winde wehen …«

Danke, Jesus, denke ich. *Danke, dass du gekommen bist, um uns den Weg in den Himmel zu zeigen. Danke für deinen Heiligen Geist, der uns hinaufhebt in deine Gegenwart und uns hilft, diese Welt und unser Leben aus deiner Perspektive zu sehen.*

Mensch und Hund ergänzen sich hundert-
und tausendfach: Mensch und Hund sind
die treuesten aller Genossen.
Alfred Brehm

Sehnsucht
nach Gemeinschaft

Wir Hundebesitzer verstehen einander. Wir grü-
ßen uns, tauschen ein paar Sätze aus, wenn wir uns
beim täglichen Spaziergang begegnen, und kennen
die Namen der Vierbeiner oft besser als die ihrer
jeweiligen menschlichen Begleiter.

Als ich den älteren Herrn, der seit Jahren mit seiner braun-weißen Mischlingshündin morgens die
Zeitung holen geht, zum ersten Mal allein durch die
Straße gehen sehe, weiß ich sofort, dass etwas nicht
stimmt. Ich drehe mich unauffällig um und gehe in
die andere Richtung, um ihn nicht ansprechen zu
müssen. Vielleicht ist sein Schmerz noch zu groß,
um darüber reden zu wollen?

Aber ein paar Tage später stehe ich ihm plötzlich
gegenüber, als wir beide die Straße überqueren wol-

len. Ich mit Wolle und Fritzi, er auch diesmal allein. Nun muss ich ihn ansprechen. Ein fragender Blick und die etwas hilflosen Worte: »Und Ihre Kleine?« genügen schon. Er erzählt mir, dass die Hündin vor einigen Wochen an Altersschwäche gestorben sei. Sie ist friedlich zu Hause eingeschlafen. Ja, er sei traurig und seine kleine Kameradin fehlt ihm sehr. Aber der Gedanke, dass sie ein hohes Alter erreicht hat, bis zum Schluss gesund war und eines natürlichen Todes gestorben ist, gebe doch ein wenig Trost.

Dann erzählt er mir, dass er ihr kurz zuvor noch ein neues Kuschellager gekauft habe. Das stehe nun in der Abstellkammer. Er will es behalten. »Denn«, vertraut er mir an und holt eine Zeitungsannonce aus seinem Portemonnaie, »vielleicht bekomme ich ja bald wieder einen Hund.« Er zeigt mir das Foto eines älteren Mischlingsrüden, der ein neues Zuhause sucht, und erzählt mir auch von einigen anderen Hinweisen aus dem Bekanntenkreis, denen er gerade nachgeht.

Wie gut ich ihn verstehe! Wenn man es einmal gewöhnt ist, einen Hund an der Seite zu haben, ist das Leben ohne solch einen Gefährten plötzlich so leer.

Der Schauspieler Heinz Rühmann soll einmal gesagt haben: »Natürlich kann man ohne Hund leben – es lohnt sich nur nicht.« Auch wenn er damit sicher ein bisschen übertrieben hat, beschreibt er doch ein Grundgefühl, das viele Hundebesitzer teilen: Sie fühlen sich durch die Liebe und Anhänglichkeit ihrer vierbeinigen Kameraden in hohem Maße beschenkt und bereichert. Die Kosten und Mühen, die ihre Hunde verursachen – die täglichen Spaziergänge bei jedem Wetter, der Schmutz und die Haare in der Wohnung, die Futter- und Tierarztkosten –, werden durch die Freude, die sie ihren Besitzern schenken, bei Weitem aufgewogen.

Ja, wir Hundefreunde bezahlen den Preis, den unsere Schützlinge uns kosten, gern – denn das Schöne, das sie unserem Leben hinzufügen, ist uns diesen Preis wert.

Nachdem ich mich von meinem Gesprächspartner am Zebrastreifen verabschiedet und den Nachhauseweg eingeschlagen habe, kommt mir der Gedanke, dass auch dies wieder ein Gleichnis für unsere Beziehung zu Gott ist. Er brauchte die Menschheit nicht zu erschaffen – er hätte es nicht nötig gehabt, all den Kummer und die Probleme,

194

die wir Menschen ihm im Lauf der Jahrhunderte bereiten würden, auf sich zu nehmen. Er hätte es auch nicht nötig gehabt, seinen Sohn in diese Welt zu senden und ihn am Kreuz für unsere Schuld sterben zu lassen – er hätte sich all das ersparen können. Er wusste genau, was auf ihn zukommen würde. Aber wir waren es ihm wert. Menschen zu haben, mit denen er Gemeinschaft haben und denen er seine Liebe schenken kann, bedeutet ihm so viel, dass er bereit war, jeden Preis dafür zu bezahlen.

Ich will den erretten, der mich liebt.
Ich will den beschützen,
der auf meinen Namen vertraut.

Psalm 91,14

Treue um Treue

Es ist Sonntagabend, ich habe es mir auf meiner Fernsehliege gemütlich gemacht und freue mich auf den neusten Tatort, den ich zusammen mit meinem Mann anschauen möchte. Aber wir müssen uns noch ein wenig gedulden, bevor das charakteristische Fadenkreuz erscheint, und die vertraute Eingangsmelodie ertönt. Denn nach den Nachrichten wird heute ein Brennpunkt zum Thema Flutkatastrophe ausgestrahlt. Wie schon vor einigen Jahren gibt es in Deutschland auch in diesem Frühsommer wieder verheerende Überschwemmungen. Wir sehen erschütternde Bilder von überschwemmten Wohnungen und Gaststätten, überfluteten Feldern und Gärten, in Wassermassen ertrinkenden Stadtvierteln. Vor der Kamera berichten verzweifelte Privatpersonen, Geschäftsleute und Gastwirte, was ihnen durch die Fluten genommen wurde. Wir sehen unermüdlich tätige Einsatzkräfte, freiwillige Helfer, die tonnenweise Sandsäcke aufschichten, und couragierte Hausfrauen, die Lebensmittelspenden organisieren und improvisierte Suppenküchen betreiben. Dann zeigt die Kamera ein von Wassermassen eingeschlossenes Wohngebiet in einer mitteldeutschen Kleinstadt. Auf einer etwas erhöhten Landzunge wartet eine Schar von Anwohnern, die von den heranflutenden Wassermassen überrascht wurden, auf ihre Evakuierung. In den nächsten Minuten sollen Hubschrauber landen, die die Flutopfer ausfliegen werden.

Inmitten der vielleicht dreißig Menschen warten ein paar Hunde verschiedener Größen und Rassen. Manche ziehen aufgeregt an ihren Leinen und scharren im Sand, andere sitzen einfach ruhig da, den Blick vertrauensvoll auf ihre Bezugspersonen gerichtet.

Dieses Bild bewegt mich. Die Menschen, die dort auf ihre Evakuierung warten, haben nur wenig Gepäck dabei – kleine Handkoffer oder Reisetaschen, die offensichtlich nur das Notwendigste enthalten. Alles andere müssen sie in ihren Wohnungen zurücklassen – die wertvolleren Dinge vermutlich in den oberen Stockwerken, wohin das Wasser hoffentlich nicht vordringt.

Bestimmt gibt es Vorschriften darüber, wie viel Gepäck jeder mitnehmen darf. Aber ihre Hunde haben sie dabei. Und offensichtlich dürfen diese mit in die Hubschrauber. Vermutlich haben die Behördenvertreter Verständnis dafür, dass die Hundebesitzer ihre Tiere nicht zurücklassen wollen, und erlauben ihnen, sie mitzunehmen. Wahrscheinlich würden die meisten sich sonst ohnehin nicht ausfliegen lassen und lieber gemeinsam mit ihnen in ihren Wohnungen ausharren, statt sie im Stich zu lassen.

Während ich diese Bilder sehe, muss ich unwillkürlich an das große Familienfest denken, das wir letztes Jahr gefeiert haben. Wir waren zur Hochzeit unserer Tochter nach Polen eingeladen – und haben uns eigens zu diesem Zweck ein gebrauchtes Wohnmobil angeschafft, damit unsere Hunde mitkonnten, und die weite Fahrt auch für sie einigermaßen erträglich wurde. Vor der Abreise habe ich mich genau erkundigt, welche Papiere wir für sie brauchen, und welche Impfungen zur Ausreise und Wiedereinreise nach Deutschland erforderlich sind, und habe darauf geachtet, dass wir alle nötigen Nachweise beisammen hatten. Denn sie sind es gewöhnt, dass sie immer mit uns zusammen sind – und wir sind es auch.

Es gibt wenig Dinge, die wir ohne unsere Hunde tun – wann immer möglich, nehmen wir sie mit. Weil sie an uns hängen, weil sie uns brauchen, weil sie uns lieben.

Für mich ist auch dies wieder ein Gleichnis dafür, wie Jesus seinen Nachfolgern gegenüber empfindet. Er möchte für immer mit uns zusammen sein. So wie es für uns selbstverständlich war, dass die Hunde mit über die Grenze müssen, wird auch Jesus uns nicht im Stich lassen, wenn wir einmal die Grenze überschreiten, die unser irdisches Leben vom ewigen trennt. Er sagt seinen Jüngern ganz deutlich, dass er im Himmel Wohnungen für sie bereitet hat und ihnen vorausgeht, um sie dort zu erwarten. Er versichert ihnen ausdrücklich: »Wenn dann alles bereit ist, werde ich kommen und euch holen, damit ihr immer bei mir seid, dort, wo ich bin« (Johannes 14,3).

Der Wolf und das Lamm werden zusammen weiden.
Der Löwe wird Stroh fressen wie das Rind.
Jesaja 65,25

Ende gut – alles gut!

Manchmal erzielen meine Hunde und ich unbeabsichtigte Heiterkeitserfolge bei anderen Spaziergängern. So zum Beispiel, wenn Wolle und Fritzi jeweils an einer anderen Stelle brennend interessiert an irgendetwas schnuppern, beide Flexi-Leinen zum Zerreißen gespannt sind, und ich mit ausgestreckten Armen in der Mitte zwischen meinen beiden Hunden stehe. Da hat dann schon der eine oder andere Passant mitfühlend den Kopf geschüttelt und gesagt: »Ja, so kann es gehen im Leben, wenn man es möglichst allen recht machen möchte.«

Oft werde ich, wenn ich mit meinen auffällig gescheckten Spitzen unterwegs bin, von anderen Spaziergängern gefragt, ob die beiden Geschwister sind. Oder vielleicht Mutter und Kind? Wenn ich dann zur Antwort gebe: »Das ist ein Ehepaar!«, reagiert der betreffende Fragesteller entweder mit ungläubigem Staunen oder herzlichem Lachen.

Für Erstaunen und Gelächter sorgt auch immer wieder die besondere Vorliebe unserer Spitze, bei unseren Spaziergängen ab und zu innezuhalten und ausgiebig zu »grasen«. Hierbei scheinen sie stets mit schlafwandlerischer Sicherheit zu erkennen, an welchen Stellen die besonders schmackhaften, nährstoffreichen Hälmchen sprießen. Sie sind sich darin immer einig und bringen, wenn sie sich ihr Grünfutter einverleiben, unglaublich viel Geduld auf. Wenn ich sie nicht irgendwann energisch zum Weitergehen auffordere, können sie wohl zehn Minuten lang an einer Stelle stehen bleiben und genüsslich Halm um Halm verschmausen. Wenn dann der eine oder andere Passant stehen bleibt und einen witzigen Kommentar über die grasenden Hunde abgibt, sage ich jedes Mal mit bedeutsamem Kopfnicken: »Ja, wissen Sie, das hat schon seine Richtigkeit. Das Hundefutter ist ja so teuer geworden, da muss man schon sehen, wo man bleibt …«

Ich weiß, dass es verschiedene Gründe gibt, warum Hunde – ähnlich wie Katzen oder auch frei lebende

Wölfe – von Zeit zu Zeit das Bedürfnis haben, Gras zu fressen. Es kann harmlose Ursachen haben, und sie bereichern dadurch einfach ihren Speiseplan mit einer Art »Salat«. Manchmal versuchen sie auch instinktiv, ihrer Verdauung auf die Sprünge zu helfen oder ein Erbrechen auszulösen.

Aber unabhängig von all diesen humorvollen oder sachlichen Aspekten, berührt mich das Bild meiner grasenden Hunde, das ich immer wieder einmal vor Augen habe, noch auf einer anderen, tieferen Ebene. Mir ist, als wollte Gott mich dadurch ganz eindrücklich daran erinnern, dass er eine Zukunft für uns bereithält, in der alle Probleme und Konflikte, die im Moment noch auf dieser Erde existieren, gelöst sind. Eine Zukunft, in der es keinen Krieg und keine Gewalt, keinen Schmerz, keine Krankheit und keinen Tod mehr gibt. Eine Zukunft, in der auch die Tiere von allen Nöten und Misshandlungen erlöst sind und auch einander nicht mehr töten und fressen müssen, um zu überleben. Eine Zukunft, in der »der Löwe Stroh fressen wird wie das Rind«, und Gott selbst alle Tränen von unseren Augen abwischt.

Quellen

S. 7 Ein Lesebuch für Hundefreunde.
Garant Verlag GmbH, Renningen, 2010, S. 92.

S. 9 Ein Lesebuch für Hundefreunde.
Garant Verlag GmbH, Renningen, 2010, S. 104.

S. 12 Sprüchetante.
http://www.spruechetante.de/sprueche-sammlung/
index.php/der-treue-freund-ist-wie-medizin/,
09.09.2013.

S. 16 Ein Lesebuch für Hundefreunde.
Garant Verlag GmbH, Renningen, 2010, S. 8.

S. 20 Woxikon.
http://zitate.woxikon.de/freundschaft/352,
09.09.2013.

S. 23 Thomas Maey. Gerede über Hunde.
http://www.maey.de/gerede.html, 09.09.2013.

S. 33 Mein Gedankenbaum.
http://www.lyriksplitter.de/tag/kostbar/,
09.09.2013.

S. 38 Zitate.
http://zitate.net/früh.html, 09.09.2013.

S. 42 Sprüchetante.
http://www.spruechetante.de/sprueche-sammlung/
index.php/kauf-einen-jungen-hund/, 09.09.2013.

S. 51 Zitate.
http://zitate.net/zitat_4462.html, 09.09.2013.

S. 72 Zitate-Datenbank.
http://www.zitate-online.de/stichworte/
liebe-treue/, 09.09.2013.

S. 76 Aphorismen.
http://www.aphorismen.de/zitat/151621,
09.09.2013.

S. 80 Zitate-Datenbank.
    http://www.zitate-online.de/sprueche/historische-
    personen/19271/was-du-in-anderen-entzuenden-
    willst-muss.html, 09.09.2013.

S. 84 Antoine de Saint-Exupéry, Grete und Josef Leitgeb,
    Der kleine Prinz, Karl Rauch Verlag, 2012.

S. 98 Zitate-Datenbank.
    http://www.zitate-online.de/literaturzitate/
    aphorismen/19152/was-du-liebst-lass-frei-kommt-
    es-zurueck.html, 09.09.2013.

S. 112 Ein Lesebuch für Hundefreunde.
    Garant Verlag GmbH, Renningen, 2010, S. 29.

S. 121 Viktor Friedrich von Strauß und Torney.
    »O mein Herz, gib dich zufrieden«, Strophe 4. Christ-
    licher Onlinepublikationsdienst.
    http://www.christliche-gedichte.de/?pg=11294,
    09.09.2013.

S. 124 Aphorismen.
    http://www.aphorismen.de/suche?f_autor=1396_
    Théophile+Gautier, 09.09.2013.

S. 147 Ein Lesebuch für Hundefreunde.
    Garant Verlag GmbH, Renningen, 2010, S. 82.

S. 170 Aphorismen.
    http://www.aphorismen.de/suche?f_
    thema=Psychiater, 09.09.2013.

S. 184 Dogs-Coach.
    http://www.dogs-coach.de/, 09.09.2013.

S. 192 Ein Lesebuch für Hundefreunde.
    Garant Verlag GmbH, Renningen, 2010, S. 29.

Auflistung Bibelstellen

S. 165 1. Johannes 3,20; GN: Gute Nachricht Bibel, revidierte Fassung, durchgesehene Ausgabe in neuer Rechtschreibung, © 2000 Deutsche Bibelgesellschaft, Stuttgart.

S. 175 Jakobus 1,6; NLB.

S. 179 Jesaja 55,2; Hfa.

S. 188 5. Mose 33,27; NLB.

S. 196 Psalm 91,14; NLB.

S. 199 Johannes 14,3; NLB.

S. 200 Jesaja 65,25; NLB.

S. 202 ebd.

Corrie ten Boom

Meine Reise um die Welt

Ein Leben im Dienst von Glaube und
Versöhnung

Gebunden, 13,5 x 20,5 cm, 256 Seiten
Nr. 395.498,
ISBN 978-3-7751-5498-7

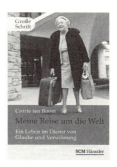

In den besetzten Niederlanden riskieren die Ten Booms ihr
Leben, um Juden zu verstecken. Doch wie kam es dazu? Wie
sah Corries unbeschwerte Kindheit aus? Und woher schöpft
eine Frau, der die Nazis alles genommen haben, die Kraft,
von der Vergebung Gottes zu erzählen?

Elke Ottensmann

Aus Omas Nähkästchen
und Opas Geigenkasten

Heitere und weitere Geschichten

Gebunden, 13,5 x 20,5 cm, 176 Seiten
Nr. 395.413,
ISBN 978-3-7751-5413-0

Durch viele Geschichten und Anekdoten verbindet Elke Ottensmann die Erlebnisse von drei Generationen. Sie erzählt
von schlesischen Wurzeln, unverhofftem Zwillingssegen,
Kriegswirren und neuer Heimat. Alltags- und Urlaubsge-
schichten voller Humor und Gottvertrauen.

Bitte fragen Sie in Ihrer Buchhandlung nach diesen Büchern!
Oder schreiben Sie an: SCM Hänssler, D-71087 Holzgerlingen;
E-Mail: info@scm-haenssler.de; Internet: www.scm-haenssler.de

Das christliche Magazin für die zweite Lebenshälfte

LebensLauf »

wach glauben >> mutig handeln >> dankbar genießen

Ihr Begleiter für eine erfüllte Gestaltung der Jahre nach dem Sechzigsten! Lesen Sie spannende Porträts und bewegende Lebenserfahrungen, die zeigen, wie der Glaube im Alltag Kraft entfaltet, wie Sie Ihr Leben aktiv und weise gestalten können. Inspiration und Ermutigung für den Alltag!

6 Ausgaben/Jahr

LebensLauf erscheint 6 mal im Jahr.
Ein Abonnement erhalten Sie in Ihrer
Buchhandlung oder unter

Kostenlos testen unter:

www.bundes-verlag.net
Tel. 02302 93093-910
Fax 02302 93093-689

SCM Bundes-Verlag

www.lebenslauf-magazin.net